本当は

国語が苦手な
教師のための

国語授業のつくり方

小学校編

加藤辰雄
Tatsuo Kato

学陽書房

まえがき

国語は、授業時間数が一番多い教科で、誰もが重要な教科だと考えています。それは、国語がすべての学習の基礎になるからです。それなのに「国語ほど教えにくい教科はない」「国語をどのように教えたらよいのかよくわからない」というのが本音ではないでしょうか。

漢字の指導はなんとかなるとしても、物語や説明文の読み方指導となると、自信をもって教えることができなくなります。例えば、物語の授業で、登場人物の気持ちを考えさせる学習活動をしても、子どもたちに文章を読み解く力がついたようには思えません。また、説明文の授業で、説明内容をノートやワークシートにまとめさせる学習活動をしても、子どもたちに文章を読み解く力がついたようにも思えません。それは、物語や説明文で何を指導すればよいかがはっきりしていないからです。私も、このことでずいぶん悩みましたが、『「読み」の授業研究会』で学ぶことによって、だんだん物語や説明文の授業のやり方に自信がもてるようになりました。

国語の授業では、何をどのように教えればよいのかということだけではなく、国語の授業を支える授業技術や授業ルールの指導も大切です。音読をどのようにさせるのか、話し合いをどのようにさせるのか、ノートをどのように書かせるのかなども、しっかり教える必要があるのです。

そこで、本書では「本当は国語が苦手なんだ」「本当は国語の授業に自信がないんだ」と思っている教師のみなさんに役立ててもらえるようにと思い、国語授業づくりの基礎・基本と国語授業を成功に導く授業術と指導法、それに定番教材の具体的な読み方指導例を書いてみました。本書が読者のみなさんの国語授業づくりに少しでも役立てばうれしく思います。

最後になりましたが、本書を書くにあたっては、編集部の根津佳奈子さん、新留美哉子さんにたいへんお世話になりました。また、今井久恵さんにはすてきなイラストを描いていただきました。ありがとうございました。

二〇一五年三月

加藤辰雄

第1章 国語授業がみるみる変わる！ 授業づくりの基礎・基本——授業者の心得

第2章 国語授業を成功に導く! 7つの授業術 ——授業者としての基本スキル——

第3章

自信がもてる！
説明文・物語の読み方指導法

第4章

読みの力がつく！

定番教材の読み方指導例

●物語「ごんぎつね」

●物語「大造じいさんとガン」

第 1 章

国語授業がみるみる変わる!

授業づくりの基礎・基本

授業者の心得

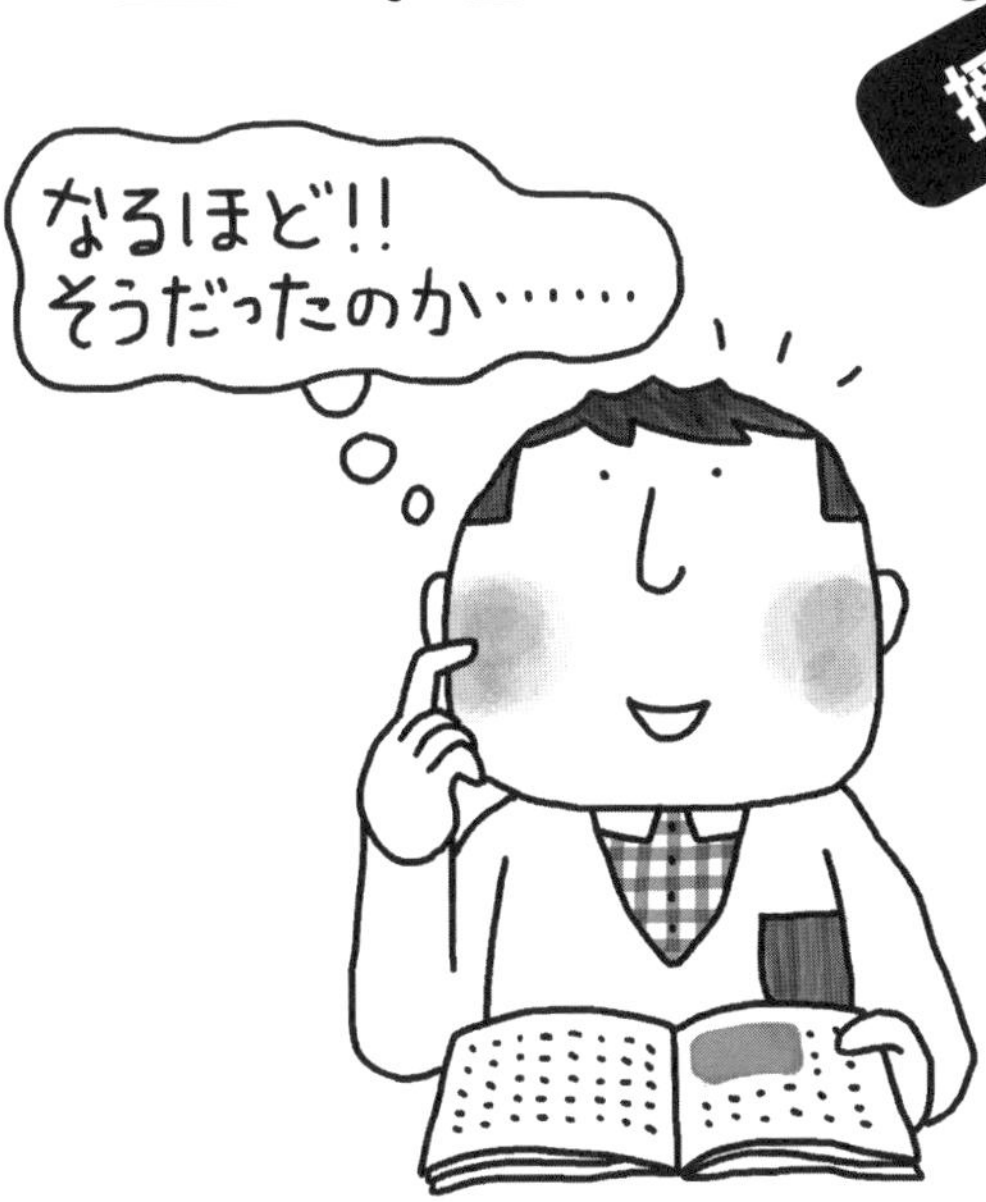
なるほど!!
そうだったのか……

「わかった」という実感をもたせる

正解をはっきり示す

「本当は国語の授業が苦手なんだ」と思っている教師はたくさんいるのではないでしょうか。それは、例えば、算数の授業と比べてみると、「答えがはっきり出ない」「何を教えたらよいのかわからない」「指導書通りにやってみても手応えがない」からではないでしょうか。

正解を曖昧にしない

国語の授業では、いつももやもやした気持ちになり、自信をもって子どもたちに教えることができなくなっていませんか。とくに、物語の読み取りの授業場面では、「○○場面の□□の気持ちは、どんな気持ちでしょうか？」という発問をし、子どもたちから「さみしい気持ちだと思います」「かなしい気持ちだと思います」などの答えを出させ、出された考えに対して「そうですね」「それもいいですね」とすべて受け入れてしまい、答えを曖昧にしていないでしょうか。

これでは、子どもたちは何が正解かがわからなくなり、「わかった」という実感をもつことができません。大切なのは、**正解が曖昧な授業をしない**ことです。

「わかった」「そうなんだ」という実感をもたせる

授業の中では、正解をはっきり示し、子どもたちに「わかった」「そうなんだ」という実感をもたせることが大切です。そのためには、**「どの考えがよいのか」「どの考えがよくないのか」をはっきりさせる**ことです。そして、よくない考えについては、その理由をはっきりさせることです。例えば、「スイミー」（光村図書『こくご二上』平成二十七年度版）の人物像の読み取りで、「スイミーは体が黒いのでひがんでいたと思う」という考えに対しては、「小さな　魚の　きょうだいたちが、たのしく　くらして　いた。」と教科書に書いてあるので、そのようには読めないとはっきりさせます。

正解を曖昧にしない

「わかった」「そうなんだ」という実感をもたせる

授業づくりの要は意見交流

「わかった」という実感をもたせる

誰でも答えられる発問から始める

国語の授業が苦手だと思う理由の一つに、発言が一部の子どもに限られてしまい、教師と一部の子どもたちだけで授業が展開されていくことがないでしょうか。そのような授業にならないようにするには、**まず授業の導入を工夫すること**が大切です。「今日は、○○場面の□□の気持ちを考えてみましょう」「今日は、第○段落から第○段落を読んでいきましょう」などと、導入がワンパターンで新鮮さに欠ける授業を見直していくのです。

授業の最初は、**誰でも答えられる内容から発問して、子どもたちの参加意欲を引き出す**ようにします。例えば、物語の授業であれば、「この物語を作った人は誰ですか？」「中心人物は誰ですか？」と問いかけます。また、前の時間の授業内容についての振り返りをして、例えば、「場面はいくつに分かれていましたか？」などと問いかけ、参加意欲を引き出します。

授業の中心に話し合いをすえる

授業の導入がうまくいっても、肝心の展開場面で一部の子どもしか活躍しないことがよくあります。それは、主要な発問の内容が誰でも簡単に答えられるようなものではないからです。そこで、教師と一部の子どもとのやりとりで授業を展開させるのではなく、**子ども同士が自分の考えを出し合い、深め合いながら正解に近づいていく**ような授業展開にします。具体的には、**ペアでの話し合いやグループでの話し合い**を授業の中心にすえます。そうすれば、今までの国語の授業が活気あふれるものになり、授業ががらりと変わります。最初は話し合いがうまく進まなくても、やがてスムーズな話し合いができるようになっていきます。

誰でも答えられる発問から始める

授業の中心に話し合いをすえる

全員参加の国語授業をつくる

子どもが気軽に発言できる工夫をこらす

簡単な発問で発言を引き出す

国語授業の大半は、**学級全体で話し合いながら進行していく**ようにします。それは、教師が一方的に説明をして、子どもたちは聞いているだけの授業ではなく、子どもたちの発言で展開していく授業をつくり出したいからです。しかし、現実はそううまくはいきません。教師が発問しても一部の子どもしか挙手せず、なかなか多くの子どもから発言が出てこない授業になってしまうことがよくあります。

そこで、**簡単な発問をして、誰でも発言できるようにします**。例えば、「おおきな　かぶ」（光村図書『こくご一上』平成二十七年度版）では、「おじいさんは誰を呼んできましたか？」「おばあさんは誰を呼んできましたか？」「まごは誰を呼んできましたか？」とか「かぶをひっぱるときは、どんなかけ声ですか？」といったような誰でも答えることができる簡単な発問をどんどんするのです。

列ごとに前から順番に指名する

どの子どもにも発言する機会をつくるために、列ごとに前から順番に指名し、発言させるようにするのもよいでしょう。どんどん発言させていくと、いろいろな考えが出てきます。同じ考えでも発言させるようにします。例えば、「おおきな　かぶ」で、「おじいさん→おばあさん……→ねずみの順番に出てきますか？」と問いかけると、「体の大きい順番になっている」「力の強い順番になっている」「人間は、年をとっている順番になっている」「動物は、力の強い順番になっている」などいろいろな考えが出てきます。友だちと同じ考えであっても、「〇〇さんと同じです」と言わせるのではなく、「体の大きい順番になっている」などと自分の考えを言わせるようにします。

簡単な発問で発言を引き出す

列ごとに前から順番に指名する

全員参加の国語授業をつくる

授業の受け方・学び方を徹底させる

国語の授業を成功に導くためには、「**教材研究をしっかりすること**」「**発問計画を立てて授業展開の過程をはっきりさせること**」が大切です。しかし、これだけでは不十分です。教材研究をしっかり行い、授業展開の過程がはっきりしていても、子どもたちに話し合う意欲や話し合いの方法が身についていなければ、授業はうまくいきません。

そこで、国語の授業の初期には、次のことをしっかり指導します。

授業ルールをつくり、守らせる

・素早く授業を始めるために、早く座席に着かせる
・「国語の授業が始まるんだ」と気持ちを切り替えさせるために、授業の始まりと終わりはきちんと集中させ、姿勢も正しくするようにさせる
・初期は勝手に発言させないで、指名されてから発言させるようにして、それが定着してきたら、指名なしでも発言することを教えていく
・どんな作業をしていても、合図があったら素早く集中するようにさせる
・話し合うこと、説明を聞くことなど一つのことに集中させるために、指示があるまではノートを書かせないようにする
・学習で押さえたい内容を定着させたり、集中させたりするために、教師の指示した通りに声をそろえて板書を読ませるようにする

授業の始まりと終わりはきちんと集中させる

指名されてから発言させる

素早く集中させる

全員参加の国語授業をつくる

どんどんほめて学習意欲を引き出す

授業ルールが守れたら、どんどんほめる

国語の授業が成功するかどうかのキーポイントは、**授業ルールを守り、気軽にどんどん発言**できるようになるかどうかです。子どもたちが好き勝手に発言したり、授業がいつもざわついていたり、発言する子どもが一部の子どもに限られていたりしたら、国語の授業はうまくいきません。

そこで、どんな簡単な授業ルールでも**みんなが守れたら、そのつどほめて自信をもたせる**ようにします。学級全員が早く座席に着くことができたら「みんな席に着けたね。えらい！」、授業の始まりにきちんと集中できたら「やる気いっぱいだね！」、合図をして素早く集中できたら「すぐ集中できたね。すごい！」などと短い言葉でどんどんほめるようにします。

発言できたら、どんどんほめる

子どもたちに**発言させる指導のときも、どんどんほめて安心感をもたせる**ようにします。発言内容がまちがっていたり、ずれていたりしていても、「発言できたのはりっぱです」とそのつどほめるようにします。また、発言するときの声が小さいときには、「もっと大きな声で言い直しましょう」などと言わないで、「みんなが静かにしてくれれば、どんな声でも聞こえるから大丈夫だよ」と励まします。そして、「声が小さくても、しっかり言えたね。がんばったね！」というようにほめます。

国語の授業の終末には、少し時間をとって、「グループの話し合いで発言できた人は挙手してください」「学級みんなの前で発言できた人は挙手してください」と声がけをし、「たくさんの人が発言できました。すばらしいです」と**毎時間、評価する**ようにします。

授業ルールが守れたら、どんどんほめる

発言できたら、どんどんほめる

教材研究が国語授業を成功に導く

教材文をコピーして書き込みをする

説明文教材はコピーして三部構成に分ける

物語や説明文の教材を教えるときは、**まず教科書の教材をコピー**します。それは、教材分析を書き込んだり、線や矢印、番号をつけたりするためです。説明文教材の場合は、段落番号をふり、いくつの段落から構成されているかを確かめます。また、「はじめ」――「なか」――「おわり」の三部構成にあてはめると、「問い」がある「はじめ」、具体的な説明が書いてある「なか」、まとめが書いてある「おわり」がどの段落に相当するかを書き込みます。さらに、「なか」がいくつのかたまりに分けられるかを分析し、「なか1」「なか2」……と意味段落ごとに分け、余白に小見出しをつけます。

物語教材は全文を一～二枚にまとめて場面に分ける

物語教材の場合は、全文を一～二枚のプリントに縮小コピーします。それは、物語が何ページにもわたってしまう教科書を読んでいても、物語全体を見通すことができないからです。例えば、「ごんぎつね」（光村図書『国語四下』平成二十七年度版）の第1場面に、「ごんは、ひとりぼっちの小ぎつねで」と書いてあります。第3場面にも「おれと同じ、ひとりぼっちの兵十か。」と書いてあります。この「ひとりぼっち」はごんの償い行動が兵十への共感に変わる重要なキーワードです。この二箇所の言葉を結びつけて考えられるようにするためには、**一度に物語の全体を見通すことができるような様式の教材プリントが必要**なのです。

物語教材を一～二枚のプリントにしたら、「導入部（前ばなし）」――「出来事（事件）の展開部」――「出来事（事件）の山場の部」――「終結部（後ばなし）」に区切り、クライマックスの文に印をつけます。次に、中心人物（主人公）の変容が読み取れる文や言葉に線を引き、変容する過程を見通せるようにします。

説明文教材はコピーして三部構成に分ける

物語教材は全文を一～二枚にまとめて場面に分ける

教材研究が国語授業を成功に導く

言葉の意味調べ、挿絵や図表の確認に手を抜かない

むずかしい言葉は全部調べる

物語を読み取る際には、**子どもたちにとってむずかしい言葉の意味を調べておく**ことが大切です。教科書の下段には、むずかしい言葉が載っています。まず、これらの言葉について意味を調べます。しかし、これだけでは不十分です。子どもたちにとっては、教科書の下段の言葉以外にも、むずかしい言葉がたくさんあるからです。

例えば、「大造じいさんとガン」(光村図書『国語五』平成二十七年度版)で中心人物の変容を読み取るうえで重要な「感嘆の声をもらす」は、教科書の下段に載っていません。「たいへん感心して思わず声を出してしまうこと」という意味を調べておく必要があります。また、残雪の様子を読み取るうえで重要な「最期の時」も載っていません。「命の終わる時」「死にぎわ」という意味を調べておくことが大切です。

図表、グラフ、写真、挿絵と文との対応を調べる

説明文を読み取る際にも、子どもたちにとってむずかしい言葉の意味を調べておくことが大切です。物語と同様に下段にむずかしい言葉が載っているので、これらの言葉の意味について調べます。次に、教科書の下段には載っていないけれど、子どもたちにとってむずかしい言葉についても意味を調べます。

さらに、**図表、グラフ、写真、挿絵などとどの文が対応しているかを調べます**。

例えば、「おにごっこ」(光村図書『こくご二下』平成二十七年度版)では、いろいろな遊び方のおにごっこの挿絵が載っていますが、その挿絵がどの文と対応しているのか調べておくのです。

むずかしい言葉は全部調べる

図表、グラフ、写真、挿絵と文との対応を調べる

教材研究が国語授業を成功に導く

説明文は「問い」と「答え」の関係を読み取る

「問い」「答え」「まとめ」の段落に分ける

説明文における「問い」とは、読者を引きつけ、文章を書き進めるために筆者が書こうとする内容を「～でしょうか」「～でしょう」という疑問形で提示した文のことです。「答え」とは、「問い」に対応する内容を具体的な事例を挙げながらまとめた文や段落のことです。この**「問い」と「答え」に着目することで、何がどのように書かれているかをつかんだり、筆者の主張を読み取ったりする**ことができます。

教材研究では、説明文に段落番号をふり、「問い」がある段落、「答え」の段落、「問い」に対する「まとめ」が書いてある段落に分けます。

文章構成表を書く

次に、**「答え」が書いてある段落をまとまり（意味段落）ごとに、「なか1」「なか2」「なか3」……というように分けて小見出しをつけ**、これを文章構成表に表します。

例えば、「おにごっこ」（光村図書『こくご二下』平成二十七年度版）では、次のようになります。

「はじめ」（問い）――どんなあそび方があるのでしょう。なぜ、そのようなあそび方をするのでしょう。
「なか1」（答え）――あそび方1とそのわけ
「なか2」（答え）――あそび方2とそのわけ
「なか3」（答え）――あそび方3とそのわけ、つけ足したあそび方とそのわけ
「おわり」（まとめ）――このように、おにごっこには、さまざまなあそび方があります。

「問い」「答え」「まとめ」の段落に分けて、文章構成表を書く

はじめ	どんなあそび方があるのでしょう。 なぜ、そのようなあそび方をするのでしょう。
なか	「なか１」あそび方１とそのわけ
	「なか２」あそび方２とそのわけ
	「なか３」あそび方３とそのわけ、 つけ足したあそび方とそのわけ
おわり	このように、おにごっこには、 さまざまなあそび方があります。

教材研究が国語授業を成功に導く

物語は「中心人物の変容」を読み取る

中心人物の変容がわかる箇所を見つける

物語は、いくつかの場面で構成されています。はじめの場面から順番にていねいに読み取っていくと、時間がかかってしまい、設定されている時間数では読み切れないことがよくあります。したがって、しっかりじっくり時間をかけて読み取る箇所と軽く流すだけの箇所を決めます。読み取りの軽重を決めるポイントは、中心人物（主人公）の変容が読み取れるかどうかです。それは、多くの物語がいろいろな出来事（事件）を通して、中心人物（主人公）が変容していくことが書かれているからです。教材研究では、**中心人物の変容が読み取れる箇所に線を引き、そこを重点的に読み取るようにする**のです。

例えば、「わたしはおねえさん」（光村図書『こくご二下』平成二十七年度版）では、中心人物のすみれちゃんが、妹のかりんちゃんに対してやさしいおねえさんに変容します。妹がすみれちゃんのノートに描いたぐちゃぐちゃの絵を見て、「半分ぐらい、なきそうでした。もう半分は、おこりそうでした。」↓「『あはは。』」「ぐちゃぐちゃの絵が、かわいく見えてきたのです。」↓「『じゃあ、かりん。こんどは　ねえねがおべんきょうするから、ちょっとどいてね。』」↓「かりんちゃんがかいた絵を　けそうとしました。」「でも　けすのをやめて、すみれちゃんは、つぎのページをひらきました。」と変容するのです。このすみれちゃんの成長がわかる箇所を見つけるのです。

中心人物が変容した理由を見つける

教材研究では、**中心人物が変容した理由も見つけます**。先の例でいえば、「じっと。ずっと。」ぐちゃぐちゃの絵を見ているうちに、妹のかりんちゃんがおねえさんのすみれちゃんのまねをして勉強しようとしたこと、勉強なのでノートに絵を描いたこと、おねえさんが水やりをしている姿を絵に描こうとしたことがわかったので、変容したのです。

中心人物の変容がわかる箇所を見つける

「半分ぐらい、なきそうでした。もう半分は、おこりそうでした。」

↓

「『あはは。』」

「ぐちゃぐちゃの絵が、かわいく見えてきたのです。」

↓

「『じゃあ、かりん。こんどは
ねえねがおべんきょうするから、ちょっとどいてね。』」

↓

「でも　けすのをやめて、すみれちゃんは、
つぎのページをひらきました。」

中心人物が変容した理由を見つける

教材研究が国語授業を成功に導く

発問計画と板書計画を立てる

主要な発問と板書案をノートに書き出す

教材分析をしたら、次に発問計画と板書計画を立てるようにします。**主要な発問は、一つか二つくらい**がよいでしょう。

例えば、「ごんぎつね」（光村図書『国語四下』平成二十七年度版）の第1場面で、ごんの生い立ちや暮らしぶりや行動からごんの人物像を読み取る授業では、まず、「ごんの生い立ちや暮らしぶりや行動が書かれているところがあります。それはどこですか？」と発問します。子どもたちから出てくると思われる言葉を板書案として、次のようにノートに書き出します。

①「ひとりぼっちの小ぎつね」②「中山から少しはなれた山の中」③「しだのいっぱいしげった森の中」④「あなをほって住んでいました」⑤「夜でも昼でも、辺りの村へ出てきて、いたずらばかり」⑥「いもをほり散らしたり、菜種がらのほしてあるのへ火をつけたり、つるしてあるとんがらしをむしり取っていったり」⑦「いろんなこと」

次に、「これらの言葉から、ごんはどんなきつねだとわかりますか？」と発問する計画を立てます。①〜⑦までの言葉から読み取れるごんの人物像を、それぞれノートに書き出します。これが板書案になります。

①親や兄弟がいないのでさみしい。ひとりなので勝手気ままに行動できる。「小」なので体が小さい。子どものきつねではない。②村に行きやすい。いたずらしやすい。③見つかりにくい。④「あな」をほってひとりで住むだけのたくましさがある。⑤相手になってほしい。かまってほしい。⑥ひどいいたずらで村の人たちの気を引こうとしている。さみしさをまぎらす。⑦他にもいたずらをしている。ストレスを発散させている。

発問計画

発問1
ごんの生い立ちや暮らしぶりや行動が
書かれているところがあります。
それはどこですか？
発問2
これらの言葉から、ごんは
どんなきつねだとわかりますか？

板書案

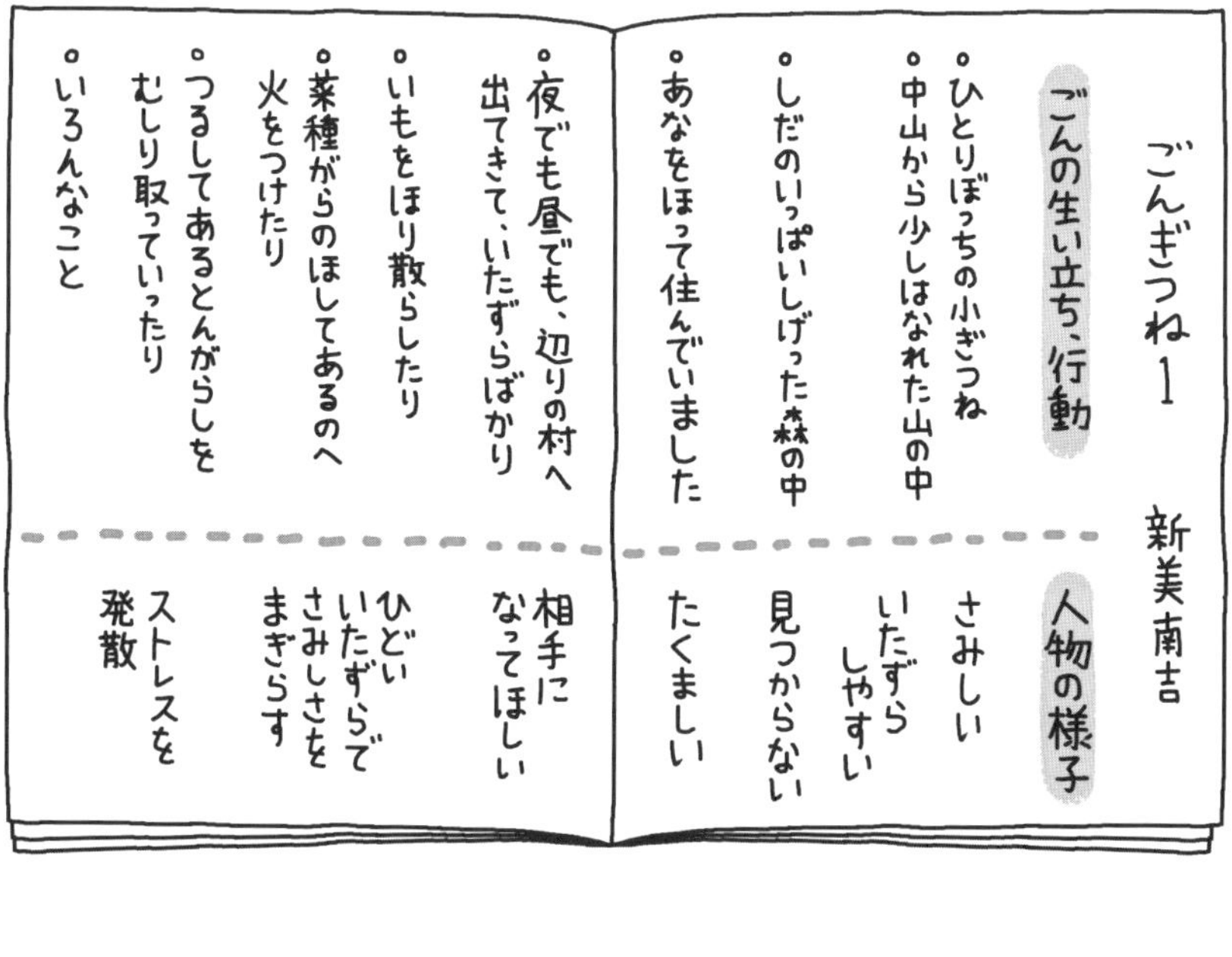
ごんぎつね1
新美南吉
ごんの生い立ち、行動
。ひとりぼっちの小ぎつね
。中山から少しはなれた山の中
。しだのいっぱいしげった森の中
。あなをほって住んでいました
。夜でも昼でも、辺りの村へ
出てきて、いたずらばかり
。いもをほり散らしたり
。菜種がらのほしてあるのへ
火をつけたり
。つるしてあるとんがらしを
むしり取っていったり
。いろんなこと
人物の様子
さみしい
いたずら
しやすい
見つからない
たくましい
相手に
なってほしい
ひどい
いたずらで
さみしさを
まぎらす
ストレスを
発散

教師の話し方が国語授業を高める

教師のわかりやすい話し方で、子どもは「わかる！」

教師の話す言葉の種類を意識して使い分ける

国語の授業において、子どもたちに何かをわからせようとするとき、教師は話してわからせようとします。教師の話す言葉を詳しく見てみると、**「説明」「指示」「発問」**の三つがあります。どの言葉も教材内容をわからせるために発せられる言葉ですが、これらを意識して使い分けることが大切です。例えば、「ごんぎつね」（光村図書『国語四下』平成二十七年度版）の第1場面で、ごんの暮らしぶりや行動を読み取らせようとするときには、

「ごんは夜でも昼でも、辺りの村に出てきて、いたずらばかりしますね」**（説明）**

「どんないたずらをするのか、わかる箇所に線を引きましょう」**（指示）**

「これらのいたずらから、どんなごんの人物像が読み取れますか？」**（発問）**

と、三種類の話す言葉を組み合わせて、ごんの人物像を読み取らせていくのです。このように、**わかりやすく話すためには、教師の話す言葉の使い分けが大切**なのです。

「ゆっくり」「はっきり」話す

話す言葉の使い分けのほかに、教師の話し方の工夫も大切です。それは、**「ゆっくり」「はっきり」**話すことです。早口で話したり、滑舌が悪かったりすると、子どもたちにその内容がうまく伝わりません。

「ゆっくり」話すのは、けっこうむずかしいものです。少し長い説明になると、つい早口になってしまいます。そんなときには、**話の切れ目に「間」をとる**とよいでしょう。また、**子どもたちの顔をじっくり見つめ、反応を確かめながら話す**ことも効果的です。

「はっきり」話すためには、いつもより意識的に口を大きく開け、口形を正しくするとよいでしょう。

「説明」「指示」「発問」を使い分ける

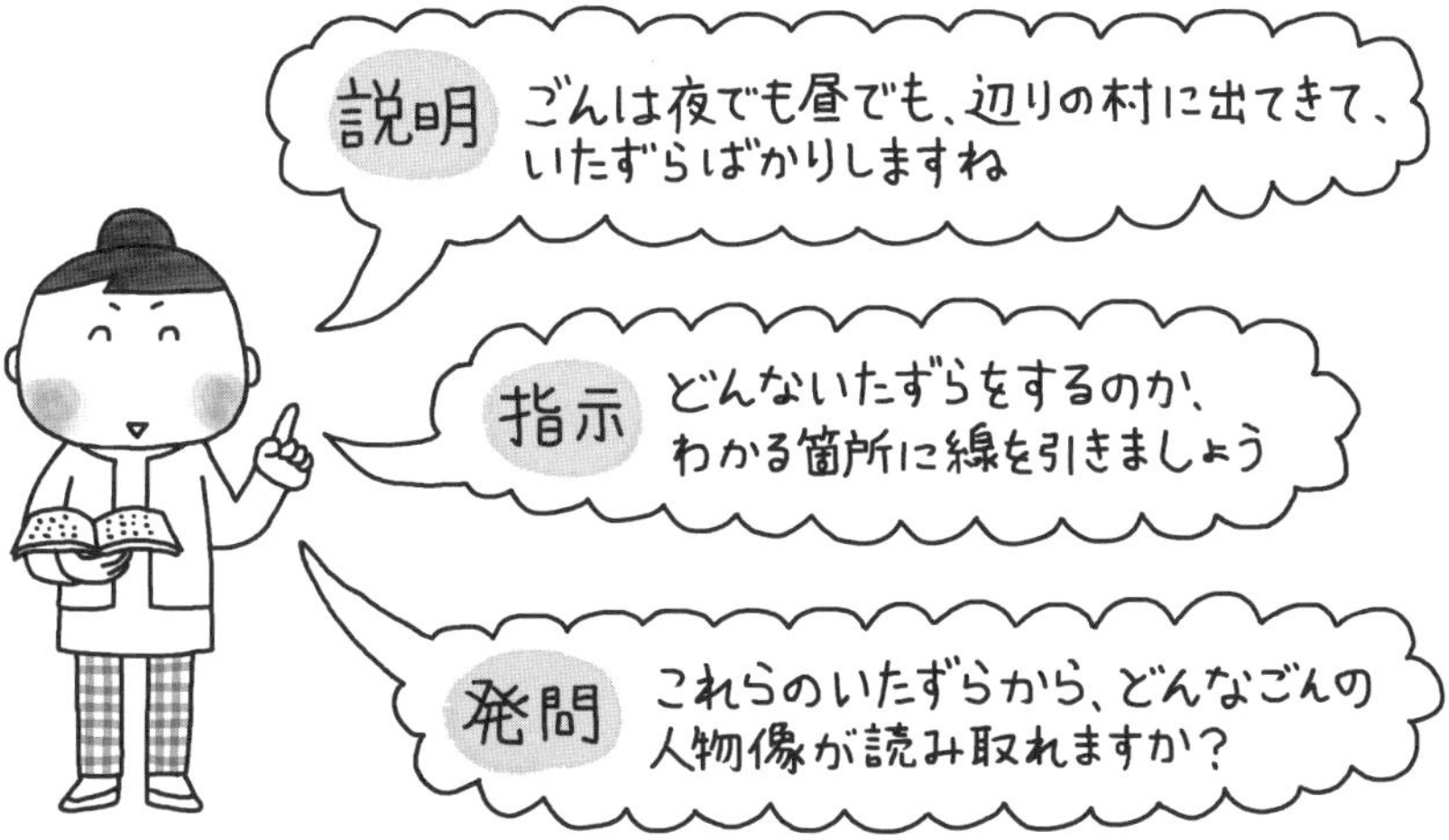

「ゆっくり」「はっきり」話す

教師の話し方が国語授業を高める

子どもの「わかる！」をどんどん引き出す効果的な話し方

話し声に強弱の変化をつける

教師が説明したい内容を一本調子で話すと、子どもたちは集中しづらくなります。たとえ、その声が大きくても、同じ調子の声が長く続くと、集中できなくなるのです。話し声には、変化をつけることが大切なのです。

そこで、**ある言葉を強く言ったり、弱く言ったりすると効果的**です。重要な言葉を強く言えば、子どもたちは「重要なんだな」と受け止めてくれるからです。

例えば、「複合語」という言葉を教える場合は、「『飛ぶ』という言葉と、『上がる』という言葉が結びつくと、『飛び上がる』という言葉になります。このように、二つ以上の言葉が結びついて、新たな一つの言葉になったものを、複合語といいます」と「複合語」という言葉を強く言って、強調するのです。

緩急の変化をつける

教師が説明をするとき、いつも同じ速さで話していても単調になってしまいます。ゆっくり話すとわかりやすくなるというので、ずっと同じ調子でゆっくり話していると、子どもたちは集中しづらくなります。

そこで、話すスピードに変化をつけるようにします。**ふつうのスピードで話していて、大事なところで急にゆっくりと話すようにすると変化が生まれ、子どもたちは集中する**ようになります。先の例でいえば、「複合語」の部分だけを、かみしめるようにゆっくり話すのです。

一般的に、話すスピードは、1分間に三五〇字くらいが聞き取りやすいといわれています。

話し声に強弱の変化をつける

「飛ぶ」という言葉と、「上がる」という言葉が
結びつくと、「飛び上がる」という言葉になります。
このように、二つ以上の言葉が結びついて、新たな
一つの言葉になったものを、複合語といいます
複合語という言葉は
重要なんだな
強く言う

緩急の変化をつける

「飛ぶ」という言葉と、「上がる」という言葉が
結びつくと、「飛び上がる」という言葉になります。
このように、二つ以上の言葉が結びついて、新たな
一つの言葉になったものを、複合語といいます
複合語という言葉は
重要なんだな
ゆっくり言う

教師の話し方が国語授業を高める

具体例や身近なもののたとえで、わかりやすさをアップさせる

具体例を示してわかりやすく話す

教師の説明は、具体例を使うとわかりやすくなります。それは、**具体例が子どもたちの慣れ親しんだ現実の世界へ子どもたちを導く働きをする**からです。

例えば、物語を読む場合、その物語の中には、「出来事（事件）が解決するところ」「あることがいちばん大きく変わるところ」が必ずあります。ここをクライマックスといいます。「おおきな　かぶ」でいえば、大きなかぶが抜けたところ、「大造じいさんとガン」でいえば、強く心を打たれて、ただの鳥に対しているような気がしなくなったところです。

このクライマックスの見つけ方を説明するときに、例えば、子どもたちの誰もが知っている「桃太郎」の話を例に出して、「桃太郎が鬼をやっつけたところがクライマックスです」と話すとわかりやすくなります。

身近なものにたとえてわかりやすく話す

教師の説明は、身近なものにたとえて話してもわかりやすくなります。

例えば、「主語」「述語」「修飾語」を説明する場合、「人間」にたとえて説明します。「わたしは、おばあちゃんに手紙を　書きました。」という文では、「わたし」が主語、「書きました。」が述語、「おばあちゃんに」と「手紙を」が修飾語になります。これを人間にたとえて、主語が「頭」、述語が「体」、修飾語が「服」に相当すると説明すれば、子どもたちにはわかりやすくなります。

具体例を示してわかりやすく話す

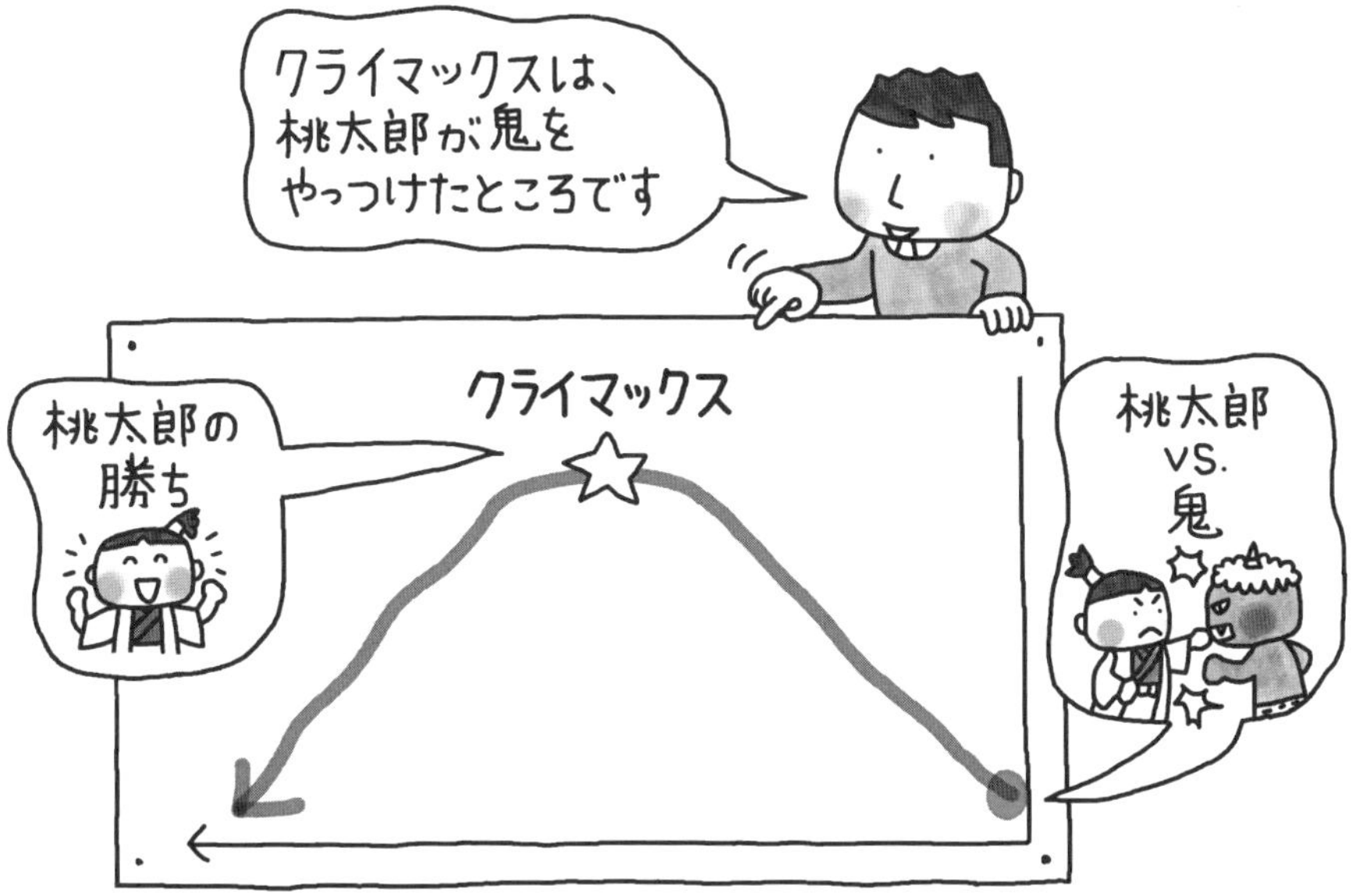

身近なものにたとえてわかりやすく話す

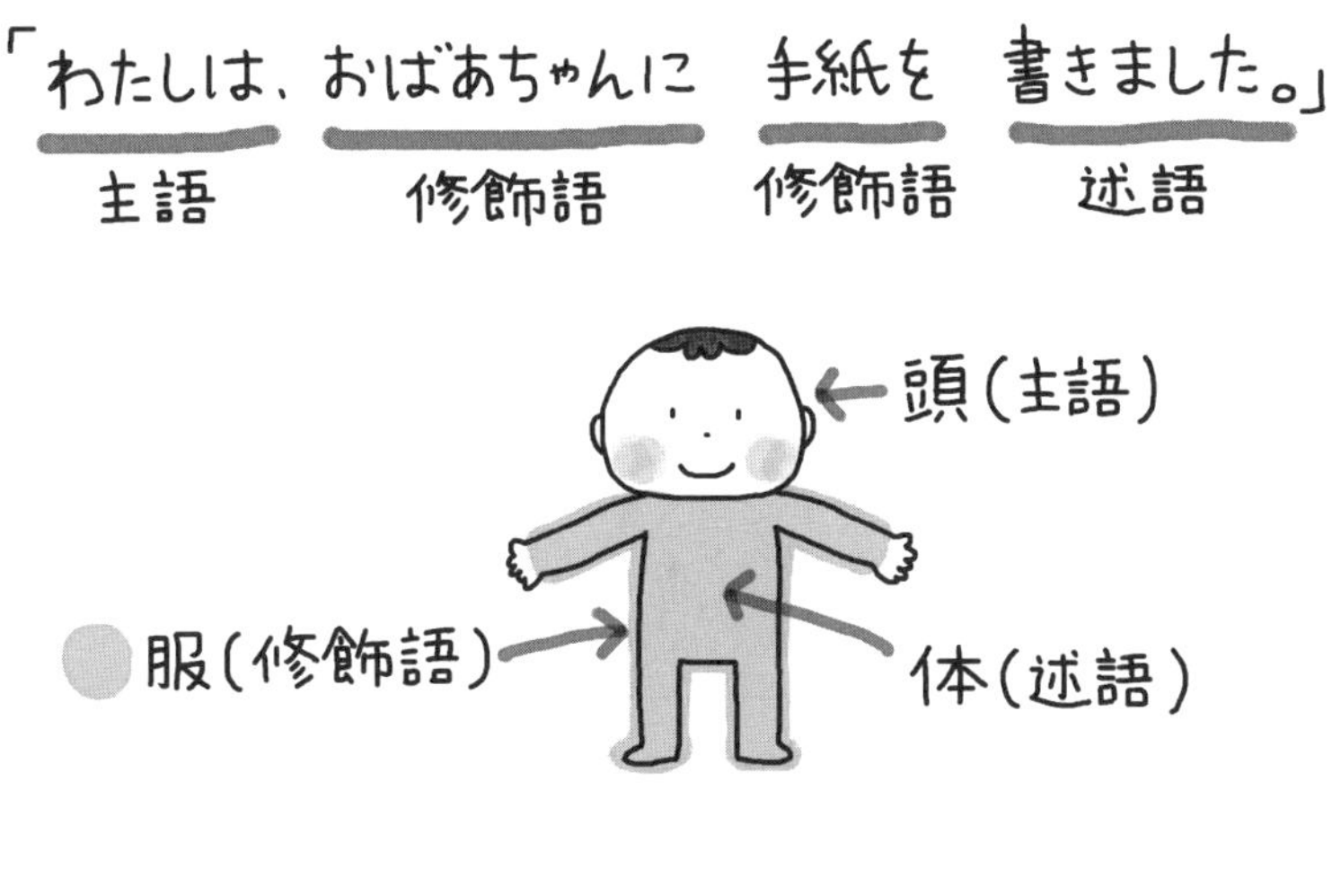

教師の話し方が国語授業を高める

板書と組み合わせてわかりやすく話す

板書で視覚に訴えて、わからせる

子どもたちに伝えたいことを説明するときに、板書して説明すると、いっそうわかりやすくなります。それは、**伝えたいことを文字や図表などにして提示することによって、視覚に訴えてわからせる**ことができるからです。また、**板書は説明したことを持続させて、子どもたちの中に残す**こともできます。

例えば、漢字の組み立ての学習で、「『家』や『思』などの漢字は、上と下の二つの部分に分けられます。このうち上の部分を『かんむり』といい、下の部分を『あし』といいます」と口頭だけで説明するよりも、四角い形の上半分に斜線を入れて「かんむり」、下半分に斜線を入れて「あし」と、板書しながら説明するほうがわかりやすくなります。このようにすることによって、漢字の組み立てがより鮮明に印象づけられ、わかりやすくなります。

板書にめりはりをつけて、わからせる

板書して説明するとよいことがもう一つあります。それは、説明内容にめりはりをつけることができることです。板書の文字を大きく書いたり、色をつけたり、わくで囲んだりすることによって、大事なところを目立たせたり、強調したりできます。教師が大きな声で説明したり、何度も繰り返し説明したりしなくても、**子どもたちがひと目見ただけで大事なところがわかります**。

例えば、先の例でいえば、四角い形の上半分や下半分に色をつけることによって、上の部分を「かんむり」ということ、下の部分を「あし」ということが強く印象づけられるのです。

板書で視覚に訴えて、わからせる

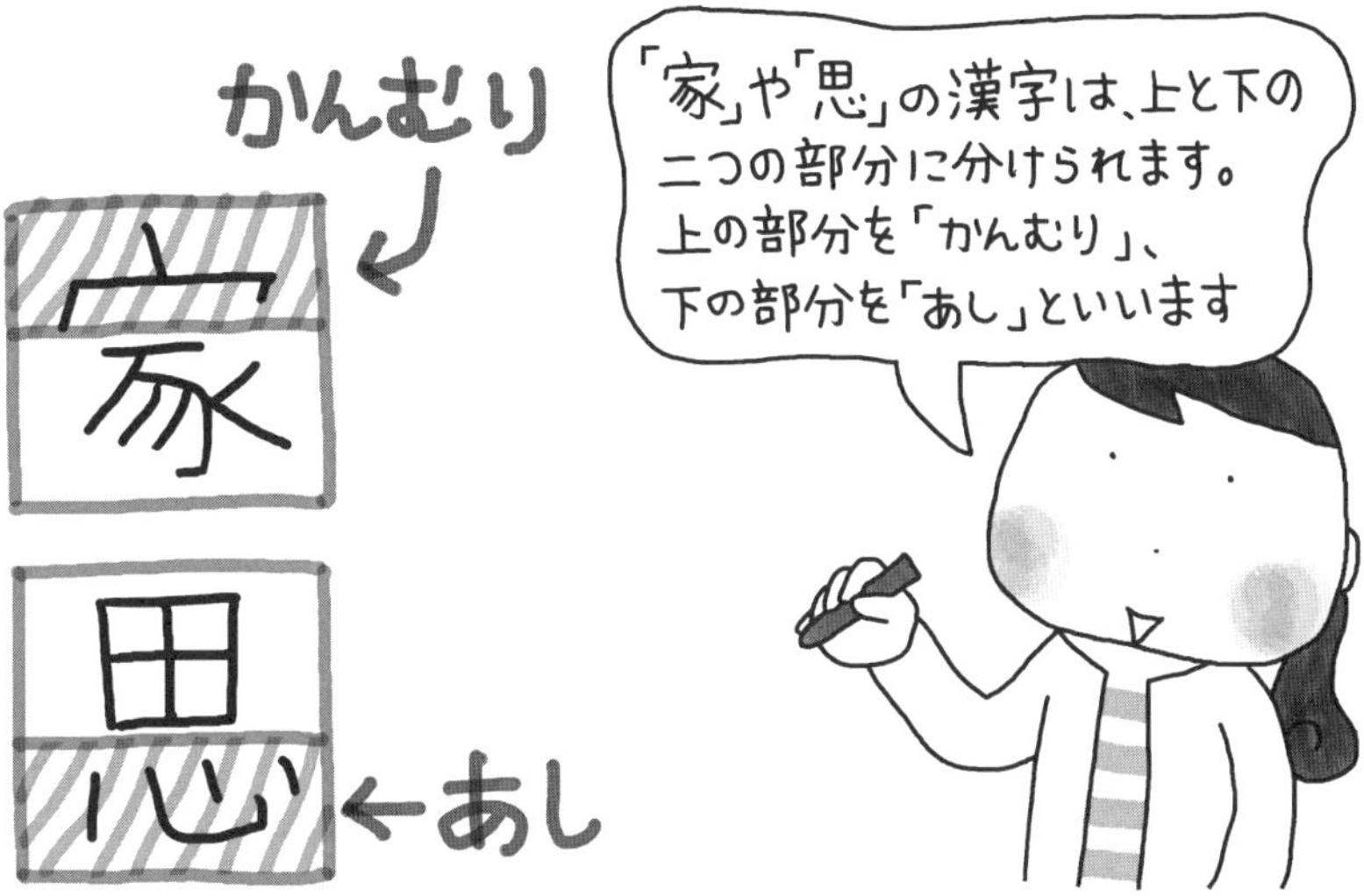

板書にめりはりをつけて、わからせる

板書例①

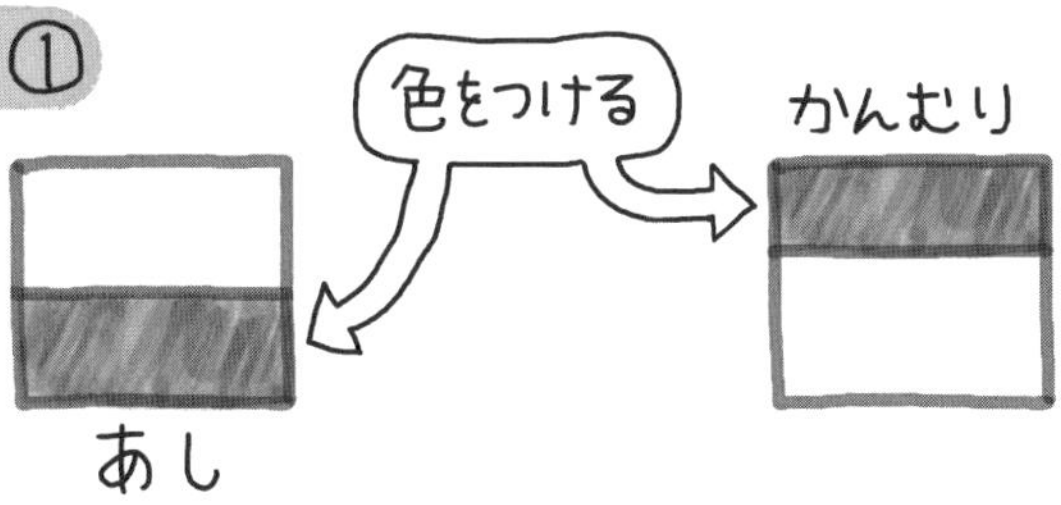

板書例②

漢字の上の部分を かんむり 、下の部分を あし といいます。

板書例③

漢字の上の部分を**かんむり**、下の部分を**あし**といいます。

教師の話し方が国語授業を高める

子どもの反応状況を見ながら話す

集中力がなくなってきたら板書して話す

45分間の授業中ずっと集中しているのは、子どもたちにとってはたいへんなことです。誰でも、授業のどこかで集中や緊張の糸が切れてしまうものです。そこで、教師は子どもたちの反応状況を見ながら話をするようにします。

集中力がなくなってきたなと感じたら、**説明内容を板書し、「こちらを見なさい」と指示し、一人ひとりの子どもの顔を見ながら、ゆっくり話す**ようにします。

反応が悪いときは隣の子と話し合わせる

教師が発問しても反応が悪く、子どもたちがあまり挙手しないことがよくあります。それは、自分の考えに自信がなかったり、自分の考えが十分にかたまっていなかったりするからです。そのようなときには、隣同士で考えを交流する時間をつくります。**友だちと考えを交流させておいてから、再び同じ発問をすると、たくさん手が挙がる**ようになります。

一人ひとりの子どもと対話する気持ちで話す

教師が説明をし、子どもたちがそれを聞くという関係であっても、それは基本的には対話です。三十人近く子どもがいても、一対一の関係で対話するつもりで話すようにします。したがって、**いつも同じ子どもばかり見て話すのではなく、一人ひとりの子どもの目を見ながら話す**ようにします。

集中力がなくなってきたら板書して話す

反応が悪いときは隣の子と話し合わせる

一人ひとりの子どもと対話する気持ちで話す

上手な範読が国語授業を変える

範読の練習を事前に行う

範読で子どもの「興味」「関心」を引き出して、内容をつかませる

「範読」というのは、教師が子どもたちに模範的に読み聞かせることです。模範的に読むといっても、ドラマを演じるように本格的な朗読である必要はありません。あくまでも子どもたちに物語や説明文の内容をつかませるための朗読です。**範読は授業の最初に行うのが一般的で、子どもたちの興味や関心を引き出し、文章全体の内容をつかませるように**します。

範読のポイント

範読は、何よりも**正確にまちがえずに読むことが大事**です。特別に朗読が巧妙である必要はありません。そこで、次の点に気をつけて事前に何度も朗読の練習をします。

①口の形を正しくする
口の形を正しくすると、明るくはっきりと聞こえるので、聞き取りやすくなる。

②大きな声でゆっくりとはっきり読む
教室のすみずみまで聞こえる声で、意識的にゆっくりとはっきり読む。

③情景、心情にふさわしい読み方をする
物語を朗読するときには、淡々と読むのではなく、情景や心情を考えながらそれにふさわしい読み方をする。強く読む、弱く読む、大きく読む、小さく読むなど、いろいろな読み方を工夫し、「間」のとり方や会話文の読み方にも配慮して読むようにする。

範読のポイント

①口の形を正しくする

②大きな声でゆっくりとはっきり読む

③情景、心情にふさわしい読み方をする

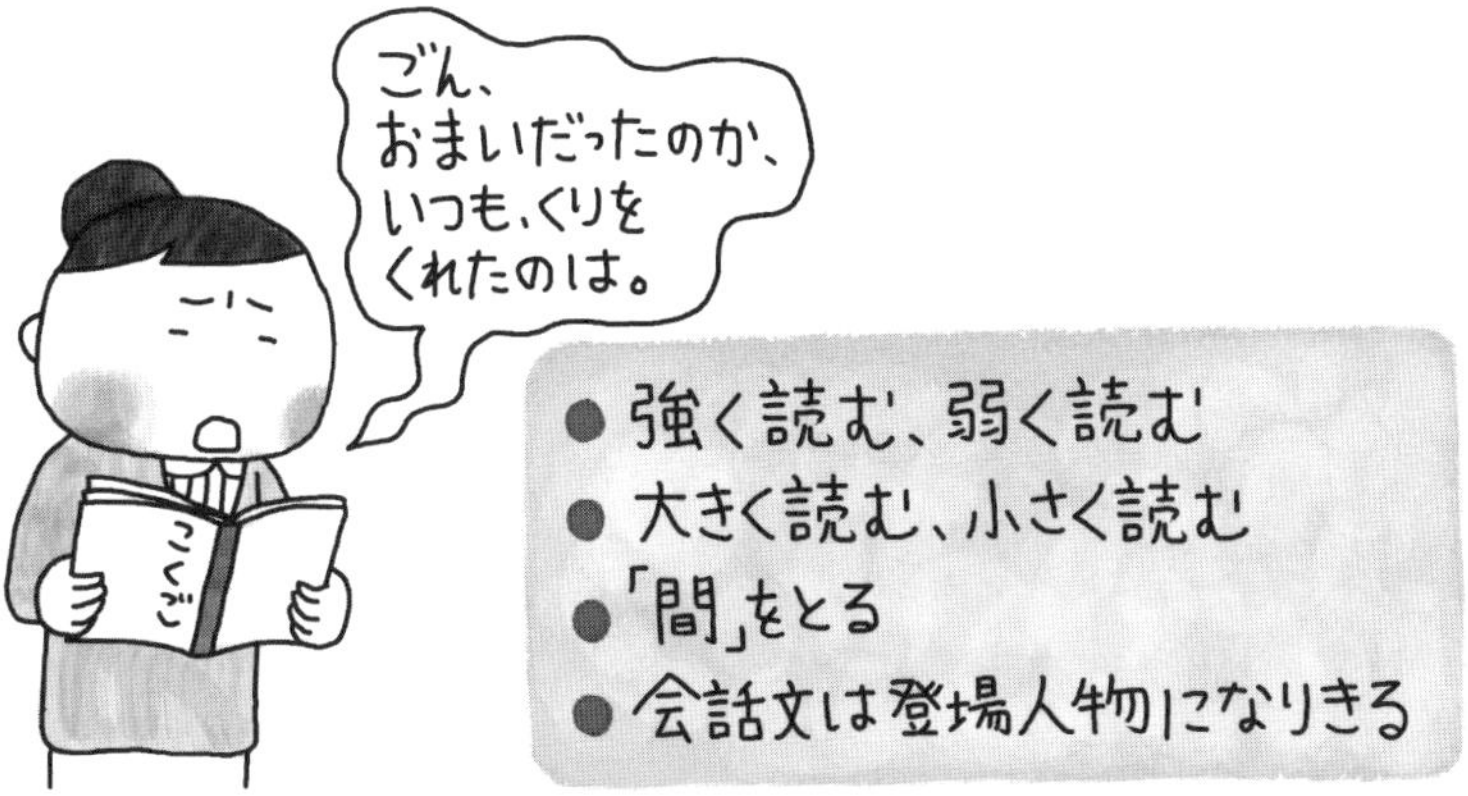

上手な範読が国語授業を変える

説明文は「問い」と「答え」を意識させるように読む

三部構成を意識させるように読む

説明文は、「はじめ」――「なか」――「おわり」の三部構成で書かれているのが一般的です。「はじめ」には、問題や話題が書かれています。「なか」には、具体例を挙げながらわかりやすい説明が書かれています。「おわり」には、問題や話題についてのまとめや筆者の主張が書かれています。

そこで、範読するときには、**子どもたちが「はじめ」――「なか」――「おわり」を意識できるように、「間」をとって読む**ようにします。

例えば、「おにごっこ」（光村図書『こくご二下』平成二十七年度版）では、「おにごっこは、どうぐがなくても、みんなでできるあそびです。おにごっこには、さまざまなあそび方があります。どんなあそび方があるのでしょう。なぜ、そのようなあそび方をするのでしょう。」という「はじめ」（問い）を読んだあと、「間」をとります。また、「なか」（答え）の部分を読み終わったあと「間」をとってから、「このように、おにごっこには、さまざまなあそび方があります。……」という「おわり」（まとめ）の部分を読みます。

「なか」の部分は、まとまりを意識させるように読む

「なか」の部分は、「なか1」「なか2」「なか3」……というように、いくつかのまとまりに分けて説明されています。このまとまりを意識させるような読み方をすることも大切です。例えば、「おにごっこ」では、なか1「あそび方の一つに、……」、なか2「また、『じめんにかいた丸の中にいれば、つかまらない。』……」、なか3「ほかに、『おにが交代《たい》せずに、つかまった人が、みんなおにになっておいかける。』……」、なか4「ところが、このあそび方は、……」と四つのまとまりに分かれているので、**まとまりとまとまりの間を意識的に「間」をとって読む**ようにします。

「間」をとり、まとまりを意識させるように読む

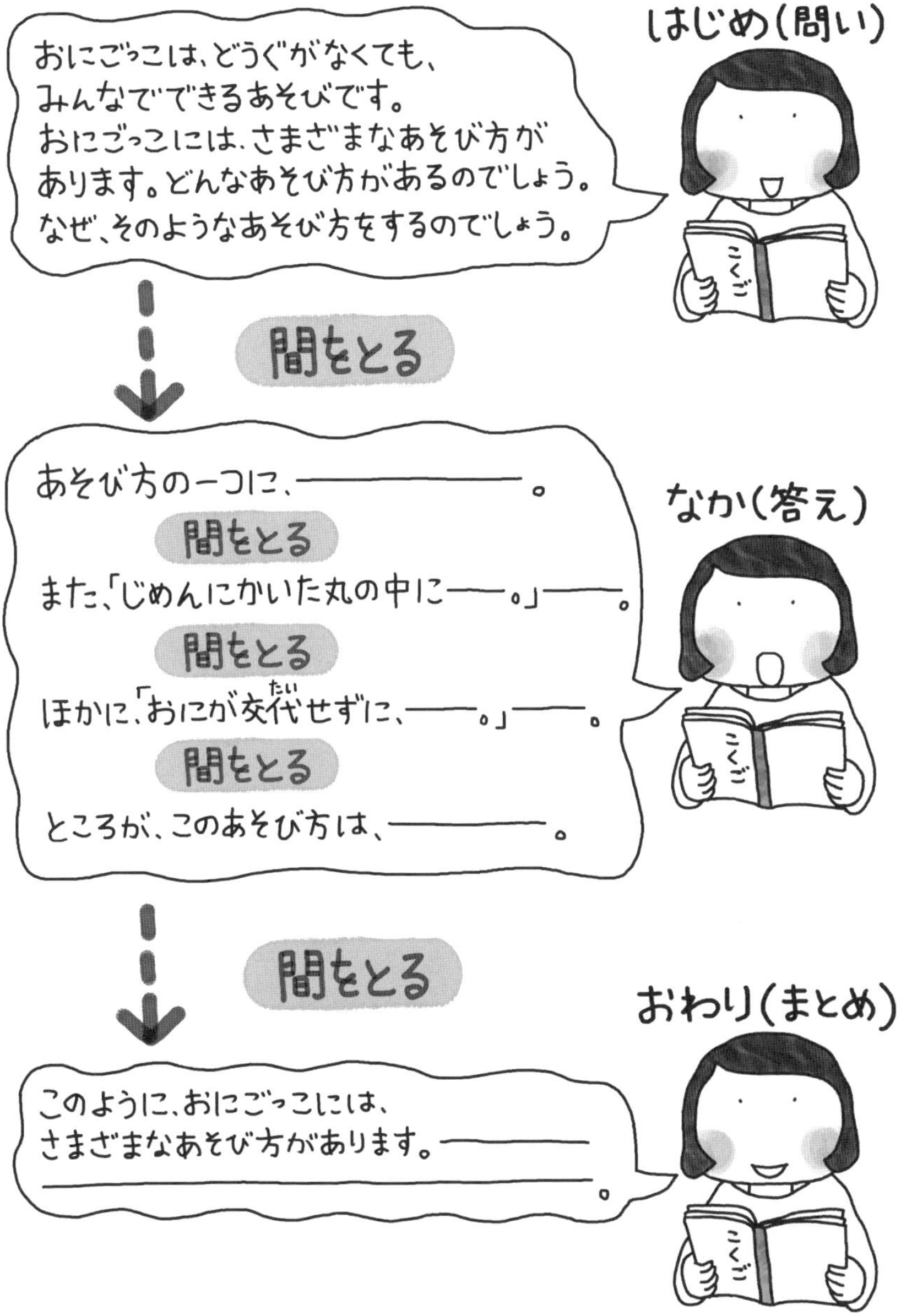

上手な範読が国語授業を変える

物語では「地の文」と「会話文」を読み分ける

声色に変化をつけて読む

物語は、「地の文」と「会話文」で構成されています。地の文には、「説明」の部分と「描写」の部分の二種類があります。会話文は、登場人物が話している「　」（かぎ括弧）のついている部分をいいます。会話文には、「相手に話しかけている会話文」「独り言の会話文」の二種類がありますが、どちらの会話文からも、登場人物の心情や考えを読み取ることができます。

そこで、物語では地の文と会話文を読み分け、内容をつかみやすくします。具体的には、**地の文の声と会話文の声に変化をつけて読む**ようにします。例えば、「ごんぎつね」（光村図書『国語四下』平成二十七年度版）の最初の場面で、兵十がうなぎをぬすんだごんを見つけた箇所では、「うわあ、ぬすっとぎつねめ。」と強い調子の大きな声でどなり立てるように読み、地の文と読み分けるようにするのです。

「独り言の会話文」の読み方を工夫する

独り言の会話文の箇所では、相手に話しかけている会話文とはちがって**思わず口に出てしまったように読み、地の文と読み分ける**ようにします。

例えば、「ごんぎつね」で兵十がひとりぼっちになったことを知ったごんが言う独り言、「おれと同じ、ひとりぼっちの兵十か。」というせりふは、うなぎをぬすんだ反省、兵十がおっかあにうなぎを食べさせることができないようにしてしまった反省、ひとりぼっちという同じ境遇への共感を込めて、つぶやくように小さな声で弱々しく読み、地の文と読み分けるようにするのです。

声色に変化をつけて読む

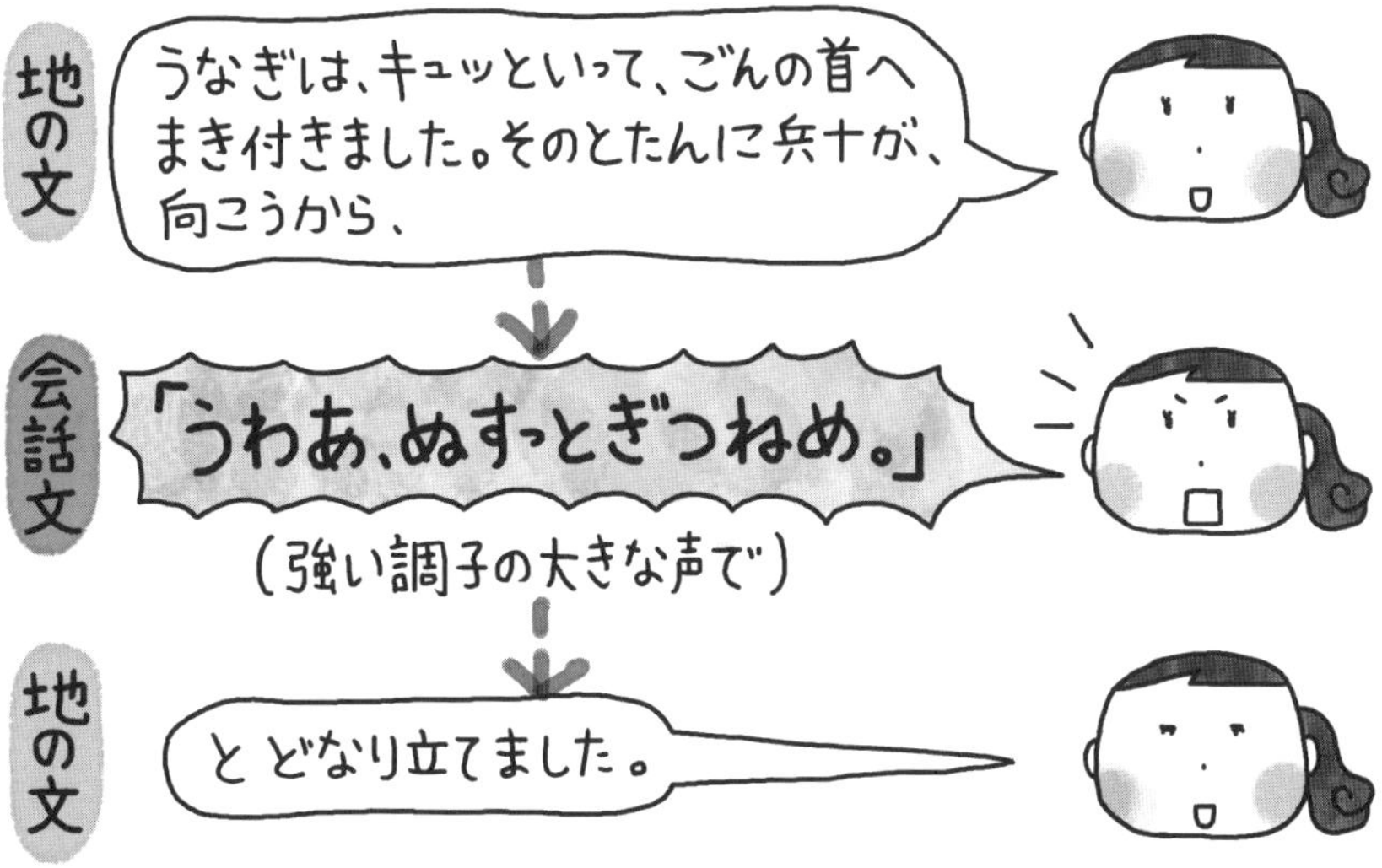

「独り言の会話文」の読み方を工夫する

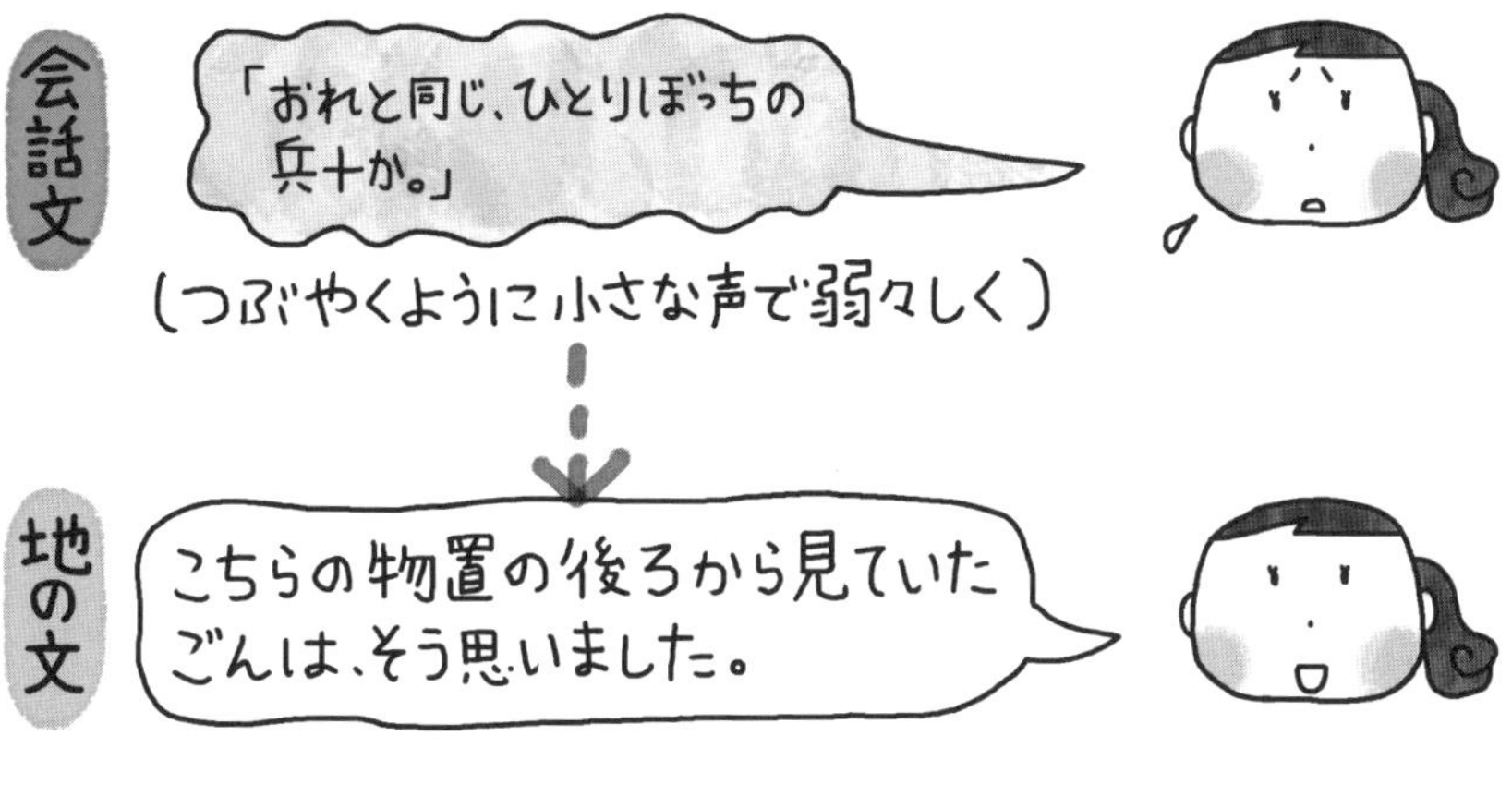

上手な範読が国語授業を変える

物語では視点をとらえて読む

誰の視点から書かれているかをつかんで読む

視点とは、登場人物に寄り添って物語を語り、展開する語り手の立ち位置のことです。語り手は、読者に対して物語を語る存在であり、「地の文」を語る話者の役割を果たします。したがって、範読するときは、**物語が登場人物の誰に寄り添って語っているかを意識して読む**ようにします。これだけのことで読み方がぐっと変わってきます。

例えば、「あめ玉」(光村図書『国語五』平成二十七年度版)は二人の小さな子どもの母親の視点からみた黒ひげを生やした侍の人物像が語られています。あめ玉を「ちょうだいよう、ちょうだいよう。」と、だだをこねる二人の小さな子どもを見ていた侍のとった行動が母親の視点から次のように語られます。「いねむりをしていたはずのさむらいは、ぱっちり目を開けて、子どもたちがせがむのを見ていました。」――このとき、母親は、侍はいねむりをじゃまされたので怒っている、と思い込みます。範読では、このことを理解して読むようにするのです。

視点の転換がわかるように読む

物語は基本的には中心人物に寄り添って語られますが、途中で寄り添う人物が変わることがあります。そういうときには、**視点が変わったことがわかるように「間」をとったり、声の調子を変えたりして読みます。**

例えば、「ごんぎつね」(光村図書『国語四下』平成二十七年度版)では、第1場面~第5場面ではごんの視点で書かれているのに、第6場面では兵十の視点に変わります。「大造じいさんとガン」(光村図書『国語五』平成二十七年度版)では「大造じいさんは、ぐっとじゅうをかたに当て、残雪をねらいました。が、なんと思ったか、再びじゅうを下ろしてしまいました。残雪の目には、人間もハヤブサもありませんでした。」の箇所で、視点が大造じいさんから残雪に転換しているので、それがわかるように読みます。

誰の視点から書かれているかをつかんで読む

視点の転換がわかるように読む

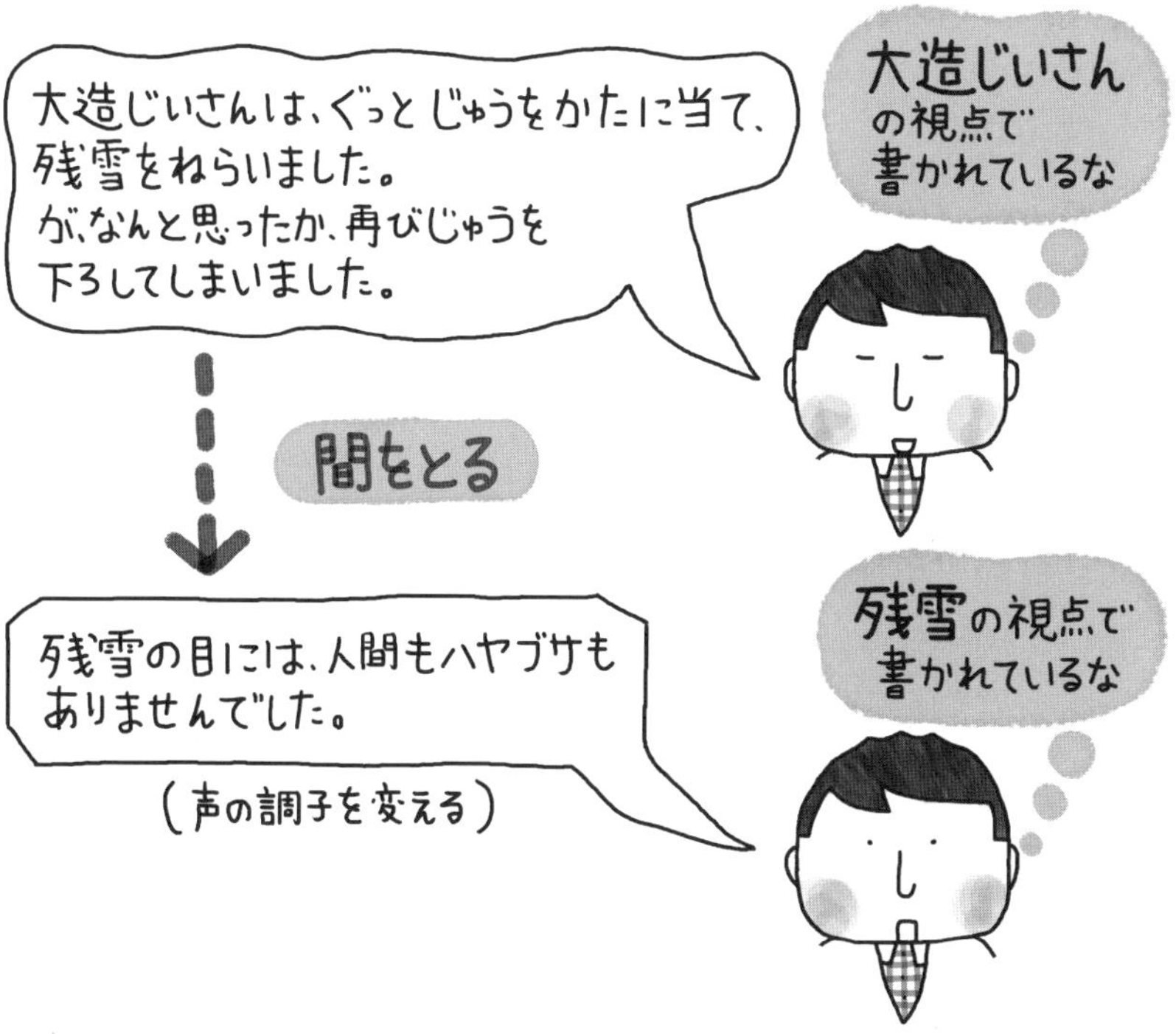

第 2 章

国語授業を成功に導く！

7つの授業術

授業者としての
基本スキル

授業術1
音読で文章に親しむ

音読に自信をもたせる

自信をもって音読できない原因を取り除く

教科書を音読させると、小さな声でしか読むことができない子ども、すぐつっかえてしまってすらすら読むことができない子どもが必ずいます。教師なら誰でも、どの子どもにも力強い声で読ませたいと思います。

子どもの音読の声が小さい原因には、次のようなことが考えられます。

・みんなの前で読むことが恥ずかしい
・まちがえたら笑われてしまわないか心配である
・音読することに慣れていない
・すらすら読めないので音読することに対して抵抗がある

子どもたちに力強い声で音読をさせるためには、これらの原因を取り除くことが大切です。

いきなり音読をさせないで、音読のウォーミングアップをさせる

いきなり音読をさせるのではなく、**まずは自分一人で音読させる**ようにします。このときは、すらすら読めなくても、小さな声でもよいのです。みんなの前で音読するためのウォーミングアップの段階だからです。**次に、隣の席の子どもと二人組をつくり、一文ずつ交替で読んでいきます。**読めない漢字や読みまちがいがあれば、指摘し合うようにします。

このようにして音読に自信をもたせてから、**最後にみんなの前で一人ずつ音読させる**ようにします。

家庭でも音読の練習をさせる

みんなの前で自信をもって音読できるようになるためには、**音読する機会を増やす**ことが大切です。そこで、**音読カードを活用して、家庭でも、音読練習をさせる**ようにします。

音読のウォーミングアップをさせる

家庭でも音読の練習をさせる

授業術１
音読で文章に親しむ

音読指導のポイント

音読するときの姿勢を正しくさせる

音読するときの基本は、立って姿勢を整えて読むことですが、音読のやり方によっては座って読む場合もあります。

立って音読するときの姿勢は、次のようにします。

・肩幅に立つ　・両肩を下ろして、お腹に力を入れて立つ
・ひじを軽く曲げて、両手で本を持つ　・持った本で口が隠れないようにする

座って音読するときの姿勢は、次のようにします。

・机とお腹の間に拳が一つ入るくらいあける　・背筋を伸ばし、両足は床に着けて座る
・教科書を机の上に立て、ひじを軽く曲げて両手で持つ

音読がうまくなるポイントを教える

音読させるときには、「**声の大きさ**」「**読む速さ**」「**すらすらと読む**」の三つが大事であることを子どもたちに指導します。

音読の練習を積み重ねると、すらすら読めるようになってきますが、それと同時に読む速さもつい速くなってしまいます。そこで、**意識して「ゆっくり」読むようにさせ、聞き手に伝わりやすい読み方が大切であることを指導**します。

語の始めをはっきり声に出すこと、声を強めたり弱めたり上げ下げしたりするなど、声に調子を付けることも合わせて指導します。一人ずつ音読させるときには、「もう少し」「合格」「うまい」の三段階で評価します。また、音読の途中でも「声が少し小さいよ」「もっとゆっくり」と評価し、上達するように励まします。

音読するときの姿勢を正しくさせる

音読がうまくなるポイントを教える

授業術1
音読で文章に親しむ

目指すは理解と表現をつなぐ音読

はじめはすらすら読めるようにする

説明文や物語の内容を読み取る際には、三つの指導過程で授業が行われることが一般的です。すなわち、**「通読」→「精読」→「味読」**という指導過程です。この三つの過程で、それぞれ音読が行われます。「通読」の段階では、つっかえずにすらすら読むことが目標になります。正確にすらすら読むことで、書かれている内容の大体をつかむことができるからです。

書かれている内容に適した音読を意識させる

「精読」「味読」の段階では、すらすら読むだけではいけません。書かれている内容を読み取り、それに適した音読をすることが重要になってきます。説明文の音読では、**「問い」と「答え」が区別できるような音読、意味段落の中のいくつかのまとまりを意識した音読**をさせることが大切です。

物語の音読では、**場面の様子や人物の心情を思い描くことができるような音読**をさせることが大切です。

例えば、「ごんぎつね」（光村図書『国語四下』平成二十七年度版）の第2場面に出てくる「ははん、死んだのは、兵十のおっかあだ。」という独り言は、誰が死んだのかがわかったという心情で読みます。そのすぐあとの「ああ、うなぎが食べたい、うなぎが食べたいと思いながら死んだんだろう。ちょっ、あんないたずらをしなけりゃよかった。」という独り言は、後悔の念にかられていることがわかるように読ませます。

第6場面の始まりは「その明くる日も、ごんは、くりを持って、兵十のうちへ出かけました。……ごんは、うちのうら口から、こっそり中へ入りました。」とごんの視点で書かれていますが、その次からは「そのとき兵十は、ふと顔を上げました。……」と兵十の視点に変わっています。このことを意識して音読させます。

「通読」段階での音読

「精読」「味読」段落での音読

授業術1
音読で文章に親しむ

音読のバリエーション

いろいろな音読のやり方で読む楽しさを実感させる

すらすらと音読できるようになるためには、音読する機会を増やすことが大切です。しかし、ただ繰り返し読むだけでは、単調になり、おもしろくありません。そこで、次のようにいろいろなやり方で音読させます。

・一人読み——一人で読む。
・ペア読み——二人組をつくり、一文ずつ交替しながら読む。
・連れ読み——教師や友だちが読んだ箇所をあとに続いて読む。
・マル読み——一文ずつ読む人を交替して読む。一文ずつ読むので、気軽に音読でき、何度も読む機会が訪れる。題名と作者名、筆者名はみんなで読む。
・パーフェクト読み——マル読みをして、途中でまちがえたら最初から読み始める読み方。子どもたちにとっては、緊張感が生まれる。誰かが途中でつまったり、間があきすぎたり、読みまちがえたりしたら、題名と作者名、筆者名をみんなで読むことからやり直す。
・リレー読み——子どもの好きな場所で交替しながらリレーして読む。交替は、「マル」のある場所で行う。どこで交替するかわからないので、緊張感が生まれる。
・段落読み——段落が変わるところで読み手が交替する。段落というまとまりを意識できる読み方。
・役割読み——物語では、会話文と地の文を分けて読む。説明文では、「話題」や「問い」の段落、意味段落、「まとめ」の段落を分けて読む。読み手が替わることによって、場面の様子や人物の心情がイメージしやすくなったり、段落と段落の関係性が理解しやすくなったりする。

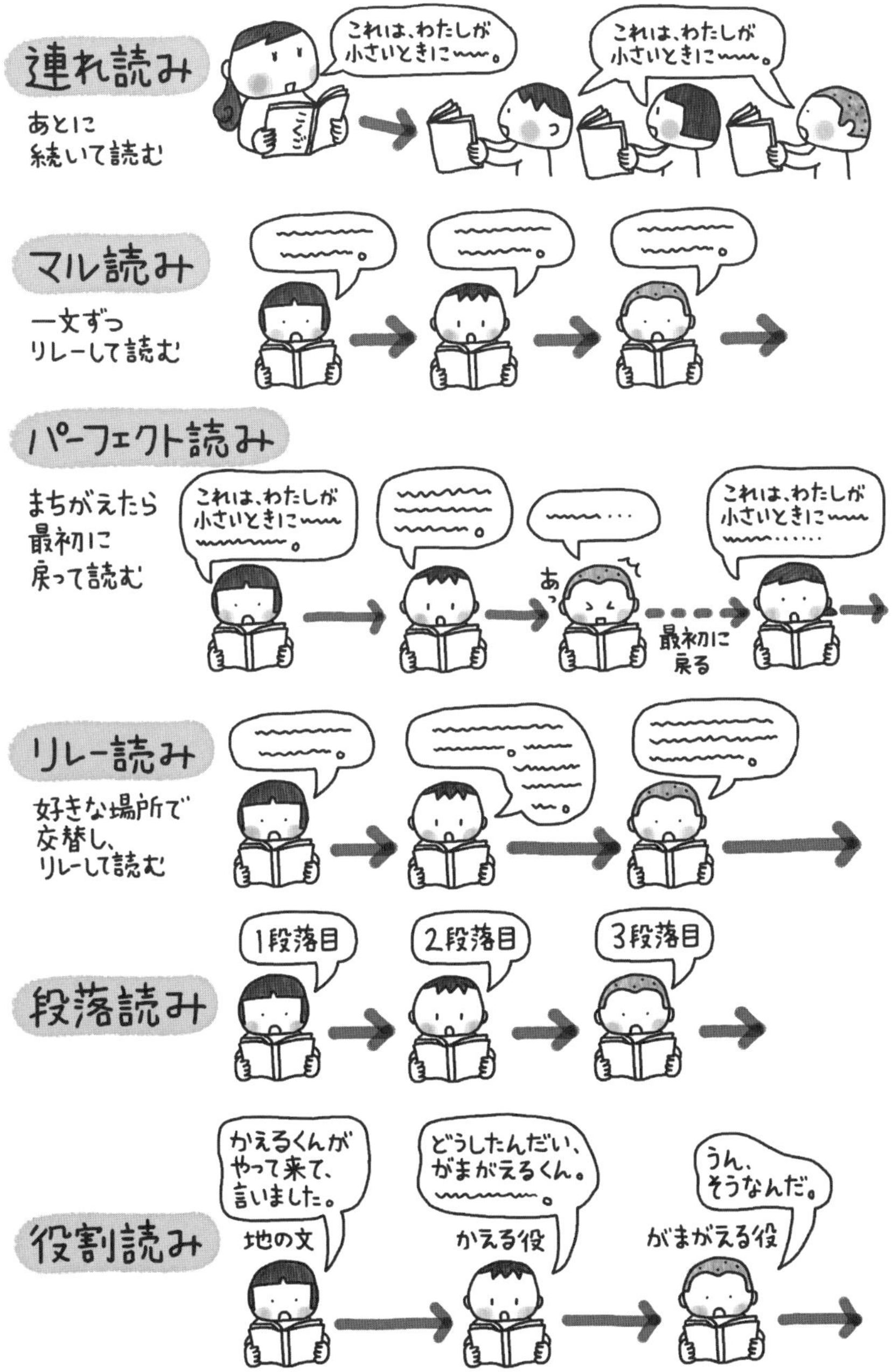
連れ読み
あとに
続いて読む
これは、わたしが小さいときに〜〜〜。
こくご
これは、わたしが小さいときに〜〜〜。
マル読み
一文ずつ
リレーして読む
パーフェクト読み
まちがえたら
最初に
戻って読む
これは、わたしが小さいときに〜〜〜
〜〜〜。
〜〜〜…
あっ
最初に
戻る
これは、わたしが小さいときに〜〜〜
〜〜〜……
リレー読み
好きな場所で
交替し、
リレーして読む
段落読み
1段落目
2段落目
3段落目
役割読み
かえるくんが
やって来て、
言いました。
地の文
どうしたんだい、
がまがえるくん。
かえる役
うん、
そうなんだ。
がまがえる役

授業術2
発問で授業を変える

いろいろなタイプの発問を使い分ける

発問には三つのタイプがある

授業を展開するうえで、発問はとても重要なものです。それは、教師の発問を受けて子どもたちが答え、その答えをめぐって子どもたちで話し合いが行われたあと、何らかの結論を引き出すことができるからです。

発問には、いろいろなタイプがあります。大西忠治氏は『発問上達法』（民衆社）で、発問を**「ゆれる発問」「大きな発問」「動かない発問」**の三つに分類しています。

「ゆれる発問」は、**子どもたちに自由に考えさせようとする発問**です。「大きな発問」は、**課題や問題を子どもたちに提示する発問**です。この発問だけでは正答に近づけないので、助言（補助的な発問）が必要になります。「動かない発問」は、**子どもたちがすでに知っていることを思い出させたり、整理したりする発問**です。この発問は正答か誤答しかなく、ゆれません。

ちがったタイプの発問を組み合わせる

これらの三つのタイプの発問のどれを使うかは、教材内容と授業展開の仕方と子どもの状態によって決まります。一つのタイプの発問だけで授業を進めると、授業展開が単調になりやすく、めりはりのないものになってしまいます。ちがったタイプの発問を組み合わせて授業を進めるとよいでしょう。

例えば、「動かない発問」は授業の導入時に使い、前の時間の学習の確認をします。また、終末時にも「動かない発問」で学習内容を整理します。「大きな発問」は展開時に使い、たっぷり時間をかけて子どもたちに思考活動をさせ、話し合いによって一つの結論を導き出せるようにします。

三つのタイプの発問

ちがったタイプの発問を組み合わせる

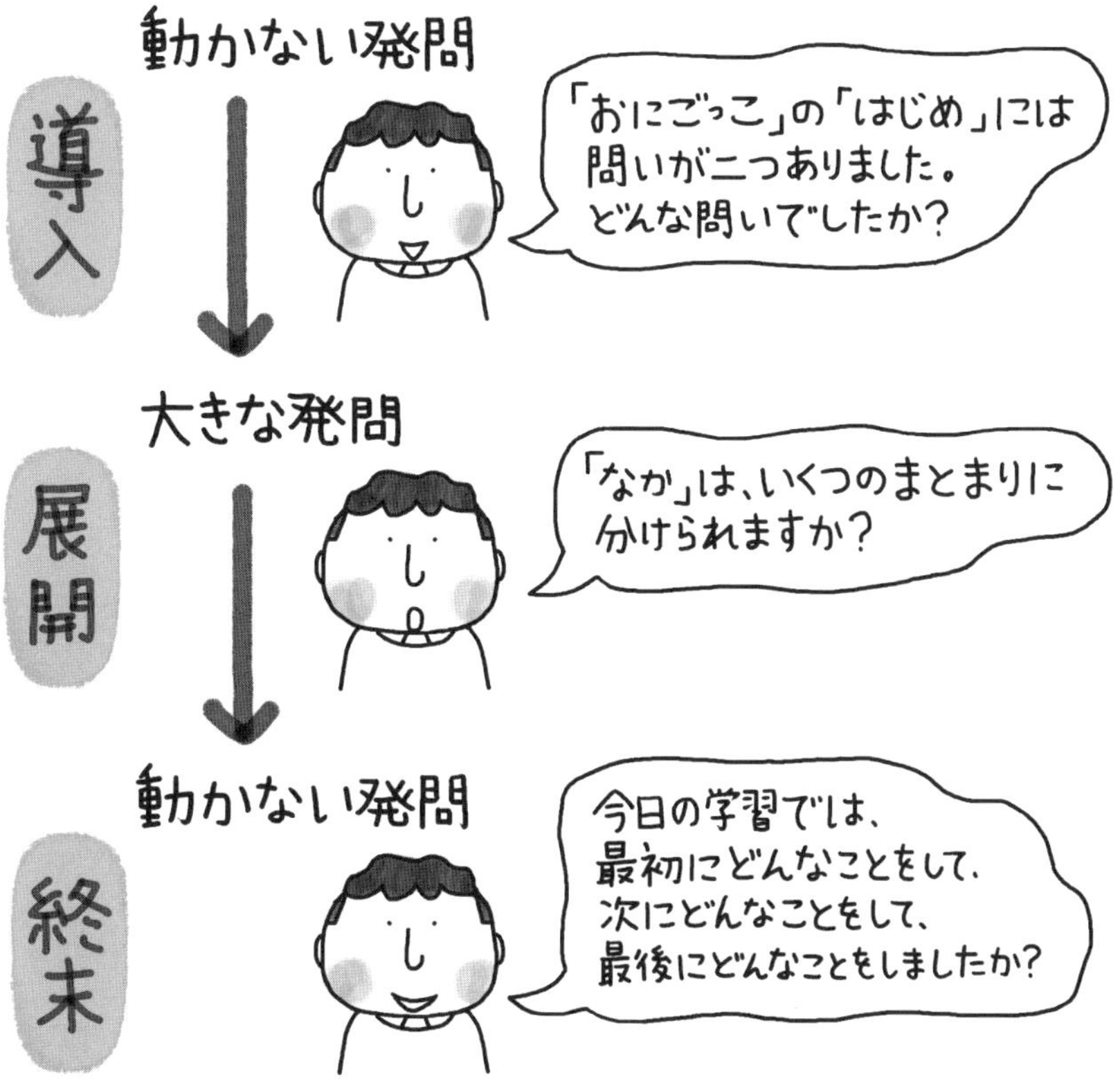

授業術２
発問で授業を変える

助言で子どもの理解を深めさせる

大きな発問をするときには助言を用意する

授業で発せられる大きな発問は、授業のよしあしを決定づける主要な発問です。大きな発問は子どもたちの思考をゆさぶる発問なので、子どもたちはすぐ反応できずに答えられない場合がよくあります。

そのような場合には、教師は**大きな発問をもう少し具体的なものにしたり、ヒントを与えたりする補助的な発問が必要**になります。これを助言といいます。

助言の果たす役割

助言には、**①解決のためのヒントを与える、②子どもたちの思考の方向を示し、そちらへ向けて思考を進めるように調整し、促す**という二つの役割があります。

例えば、「ごんは兵十と心を通わせることができましたか？」という大きな発問をして、子どもたちがすぐに答えられない場合には、「火なわじゅうでうたれたごんぎつねのことを、兵十はなんと呼んでいますか？」と補助的な発問をするのです。この助言は、①兵十のせりふに着目すれば正答に近づけるというヒントを与えています。そして、②兵十の立場になって考えるとよいと思考の方向を示しています。

助言をいくつか用意して正答に近づけるようにする

発問が大きいときには、この補助的な発問（助言）をいくつか用意しておき、少しずつヒントを与えて、子どもたちが正答に近づいていけるようにします。子どもたちに正答に近づく力量があれば、助言の数は少なくなります。反対に力量がなければ、助言の数は多くなります。

大きな発問
ごんは兵十と心を通わせることができましたか？
？
？
…
助言①
火なわじゅうで うたれたごんぎつねのことを、兵十はなんと呼んでいますか？
助言は、子どもの力量に応じて追加
助言②
ごんぎつねは兵十の言葉を聞いてどうしましたか？

授業術2
発問で授業を変える

発問を伝わりやすくする三つのポイント

発問はできる限り短くする

授業では**一度の発問で学級全員に伝わることが大切**です。発問を何度も繰り返していると、授業効率が悪くなるばかりか、子どもたちの授業への集中度も低くなってしまいます。

そこで、まず**発問はできる限り短く**します。短いほどわかりやすく、学級全員に伝わるからです。主要な発問については、板書したり、短冊に書いたものを黒板に貼ったりするとよいでしょう。

発問はゆっくり話す

発問は音声言語なので、一度発せられるとその場で消えてしまうという性質があります。そのため、話すときの速さも大切になってきます。速すぎるとうまく発問が伝わりません。話す速さの基本は、ゆっくりです。とくに**低学年ほど、ゆっくり話す**ようにします。

授業では教師の説明、指示、発問が行われますが、どれも同じスピードだと一本調子になって、子どもたちが集中しにくくなります。そこで、**発問するときは意識的にゆっくり話す**ようにすると、授業にめりはりをつけることができます。また、子どもたちには教師がゆっくり話すときは、発問するときだとわかるようにもなります。

学級全員に届く声で話す

発問するときには、声の大きさも大切です。**教室のすみずみにまで教師の声が届くようにします**。弱々しい声では、発問がすべての子どもまで届かず、授業がざわついてしまいます。

発問はできる限り短くする

発問はゆっくり話す

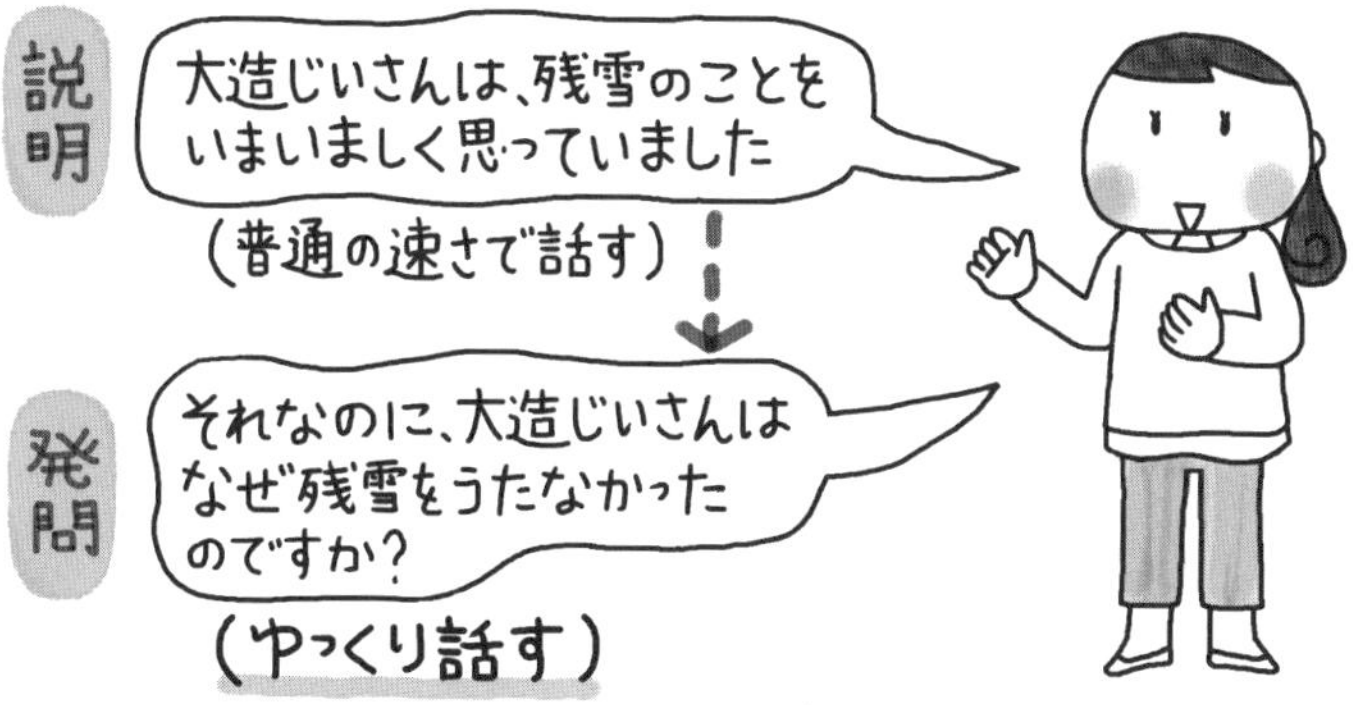

学級全員に届く声で話す

授業術2
発問で授業を変える

発問計画を立てる

導入時は学習課題がわかる発問をする

授業を進めるうえで、発問計画はなくてはならないものです。行き当たりばったりに発問をしても、子どもたちに深く思考させることができず、本時のねらいは達成することはできません。

発問計画は、**導入、展開、終末の授業展開に即して立てる**ようにします。導入時では、**これから展開される学習のねらいや学習課題が理解できるような発問**を考えます。

例えば、「最後の場面のごんと兵十の行動を抜き出し、気持ちを考えましょう」「大造じいさんは、なぜ残雪をうたなかったのかを考えましょう」といったように、学習のめあてを確認する発問をします。

展開時は主要な発問と助言をセットで考えておく

展開時では、**主要な発問をして子どもたちに深く考えさせ、学習内容がしっかり身につくようにします**。主要な発問は大きく、内容も重いので、**補助的な発問（助言）もセット**で考えておくようにします。

例えば、「ごんが、その明くる日もくりを持って兵十のうちへ出かけたのは、なぜですか？」という主要な発問とセットで、「ごんは、今までどんなものを届けていましたか？」「そのとき、どんな届け方をしましたか？」「今までの届け方と今回の届け方のちがいはなんですか？」といった助言を三つほど用意しておくのです。

終末時は学習のまとめになる発問をする

終末時の発問は、時間切れになってしまいがちですが、**事前にしっかりと考えておき、計画通りに発問をして、学習のまとめをする**ようにします。

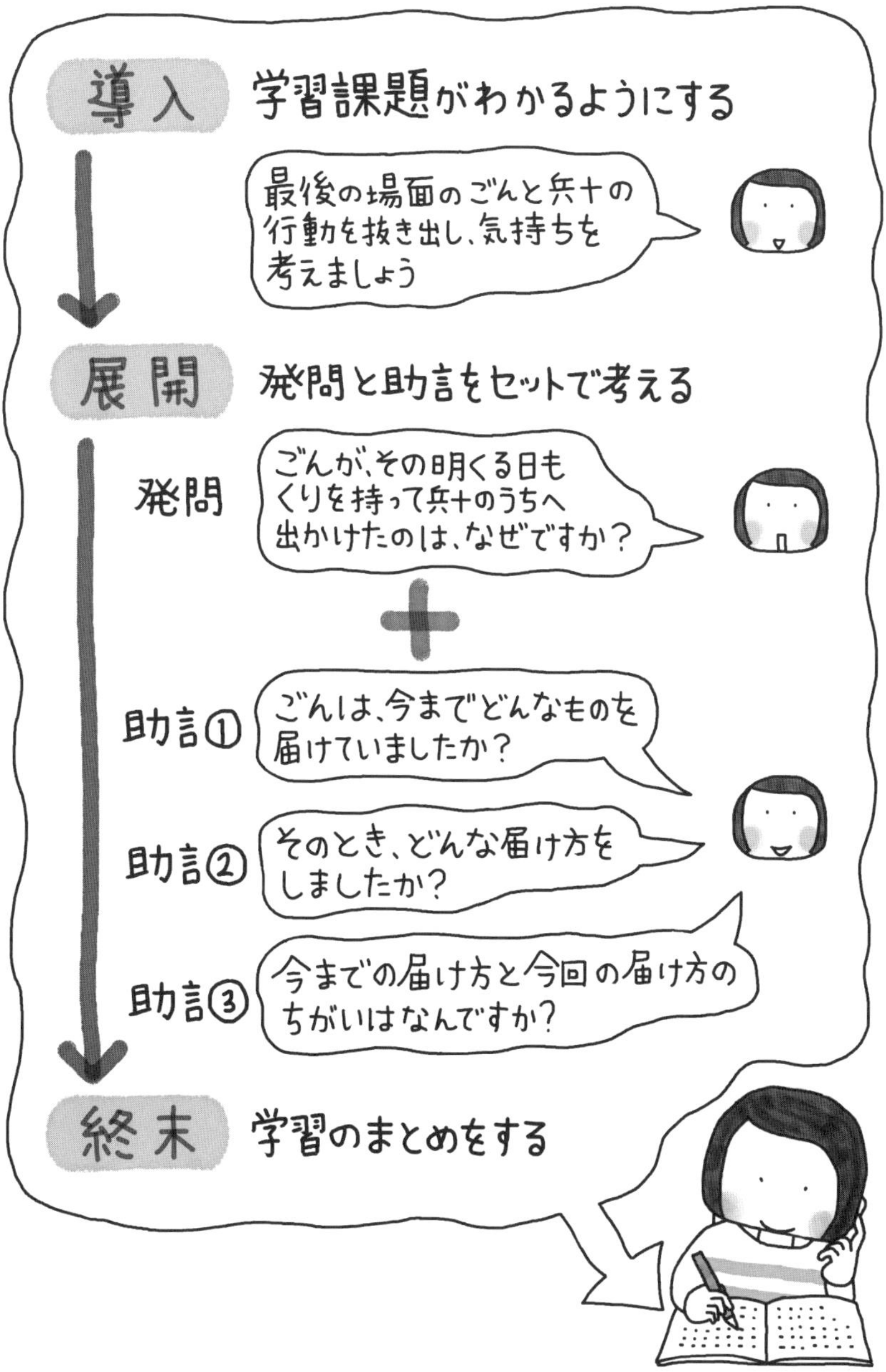

導入
学習課題がわかるようにする
最後の場面のごんと兵十の行動を抜き出し、気持ちを考えましょう
展開
発問と助言をセットで考える
発問
ごんが、その明くる日もくりを持って兵十のうちへ出かけたのは、なぜですか？
助言①
ごんは、今までどんなものを届けていましたか？
助言②
そのとき、どんな届け方をしましたか？
助言③
今までの届け方と今回の届け方のちがいはなんですか？
終末
学習のまとめをする

授業術2
発問で授業を変える

発問のセオリー

発問することで子どもたちの思考力を育てる

発問は、子どもたちに説明することをわざわざ子どもたちに問いかける形にしたものです。なぜそのようにするかといえば、説明を聞くという受動的な姿勢よりも、**発問に答えるという能動的な姿勢をつくり出す**ほうが、**子どもたちの考える力を育てることができる**からです。また、思考活動をさせることによって、子どもたちからいろいろな考えを引き出し、その答えをめぐって子どもたちで話し合いが行われ、正答にたどりつくというわからせ方ができるからです。

主要な発問は二つまでにする

授業で**主要な発問は二つまで**にします。それは、主要な発問は大きく、内容が重いのが一般的だからです。主要な発問が二つということは、45分授業では一つの主要発問に20分くらい時間をかけるということになります。主要な発問に対しては、これくらいの時間をかけないと、子どもたちは正しい理解、深い理解をすることができないからです。

主要な発問への助言は三つまでとする

主要な発問は大きく内容も重いので、**正答に近づくためには子どもたちに助言をすることが必要**になります。助言をするときには、コツがあります。いきなり、8割くらいのヒントを出したら、子どもたちの思考力を育てることはできません。最初は2割ヒント、次に4割ヒント……というように少しずつ助言をしていくようにします。このように考えてみると、**主要な発問一つについて、三つくらいの助言**が適切です。

発問

主要な発問は二つまでにする

主要な発問への助言は三つまでとする

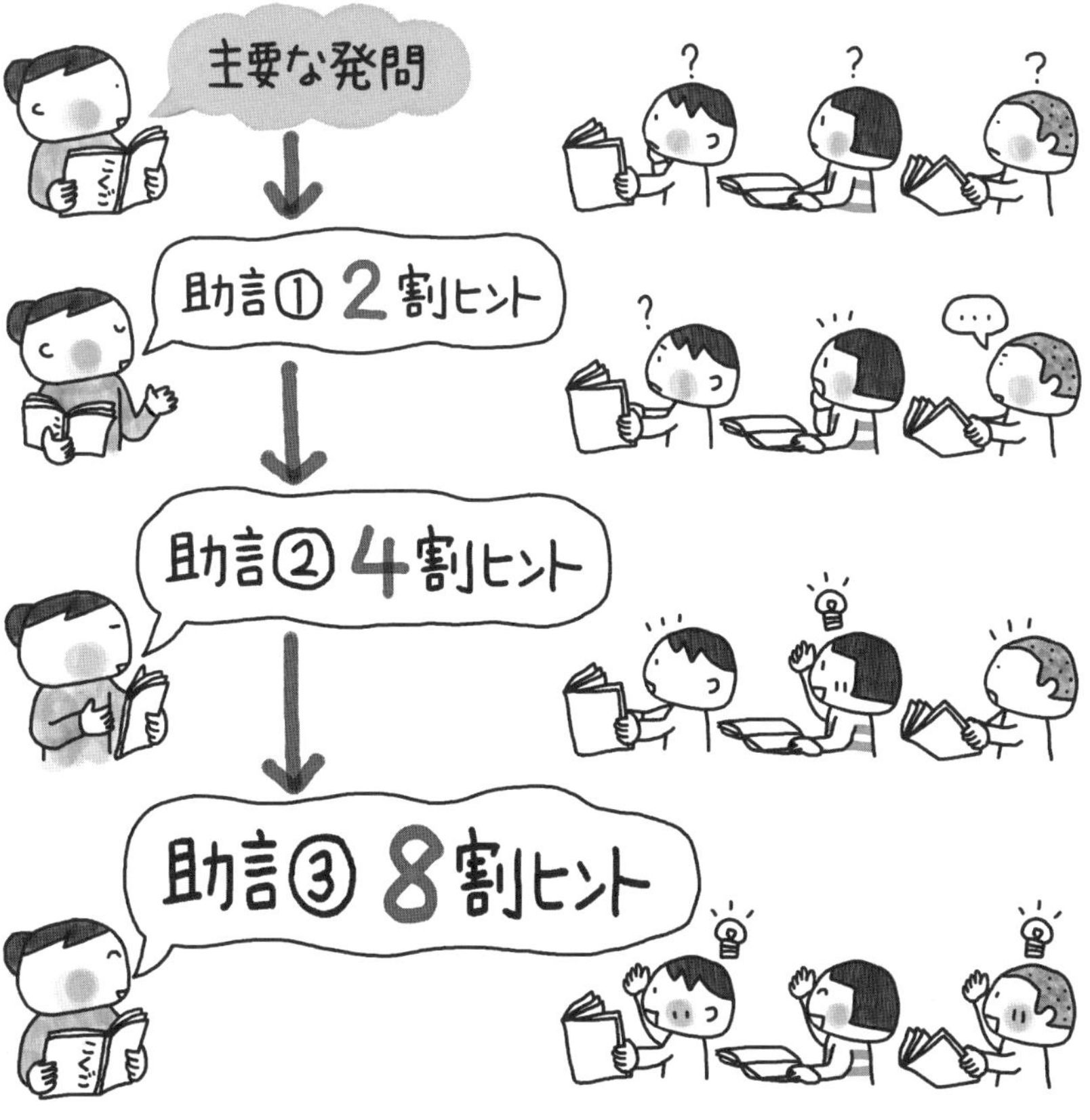

授業術2
発問で授業を変える

「発問するときの位置」と「発言を聞くときの位置」を工夫する

発問するときは黒板の中央に立つ

授業では、説明、指示、発問が組み合わさって進められることが一般的です。説明や指示は黒板の中央に立って行われたり、机間を回っているときに行われたりします。それに対して、**発問はどんな場合でも黒板の中央に立って行う**ようにします。黒板の中央は、子どもたちの顔を一度に見渡すことができ、教師のほうに集中させやすく、発問を聞かせることに徹底できるからです。

発言する子どもから離れた位置に立つ

教師の発問について、子どもたちが自分の考えを発表するときの教師の立ち位置も大切です。教師と発言している子どもとの距離が近すぎると、他の子どもたちはそのやりとりから取り残されてしまい、傍観者になってしまいます。

教師が黒板の中央で発問をして、そのままその場所から動かずにずっと止まっていると、列の前方の子どもは教師に自分の考えを話すようになり、列の後方の子どもたちには話してはいないことになります。これでは、学級全員での話し合いにはなりません。発言する子どもには、**聞き手の子どもたちのほうを向いて話をさせる**ようにすることが大切です。

そこで、大西忠治氏が『授業つくり上達法』（民衆社）で述べているように、**教師は発言する子どもから離れ、発言する子どもとの間に多くの子どもを抱え込むような位置に立つ**ようにします。したがって、発言する子どもの場所によって、教師はそのつど移動して立つ位置を変えるようにします。

発問するときは黒板の中央に立つ

発言する子どもから離れた位置に立つ

授業術3 板書で思考を深める

板書の役割

板書によって共通の確認や理解を図る

国語の授業を進めるうえで、板書はなくてはならないものです。それは、**教えたい事柄を視覚に訴えて対象化し、客観化して子どもたちに提示し、共通の確認や理解を図る**ことができるからです。

例えば、「ごんぎつね」（光村図書『国語四下』平成二十七年度版）のクライマックスのせりふであるＡ「ごん、おまいだったのか、いつも、くりをくれたのは。」と、普通の言い方に直したＢ「ごん、いつも、くりをくれたのは、おまいだったのか。」を板書します。子どもたちは、この二つのせりふのちがいを比較し、検討することによって、兵十は今、くりではなく、ごんに強く心を奪われていることを読み取ることができます。

この二つのせりふを、板書しないで発問するだけならどうでしょう。発問は音声だから、子どもたちの記憶に残ることがあっても、その場で消えてしまいます。何度も同じ発問を繰り返し言わなければ、二つのせりふのちがいを検討することはむずかしくなります。

板書によって発問内容をわからせる

一度の発問で学級全員に発問内容を伝えるには、板書することが一番です。発問内容が板書してあれば、集中していない子も目で見て発問内容をつかむことができます。先の例でいえば、二つのせりふを板書して、「ＡとＢのちがいからわかることはなんですか？」と板書します。

このように**要点だけを短く書く**と、ひと目見ただけで発問内容がわかります。さらに、発問内容を目立たせるためにカラーのチョークで書いたり、わくで囲ったりします。

板書

板書によって共通の確認や理解を図る

板書によって発問内容をわからせる

授業術3
板書で思考を深める

板書の方法〈説明文〉

三部構成の表を書く

説明文は、「はじめ」――「なか」――「おわり」の三部構成で書かれているので、この文章構成がひと目見ただけでわかるような表を板書し、段落番号を書き込むようにします。「ありの行列」（光村図書『国語三下』平成二十七年度版）を例にして説明してみます。

「ありの行列」は全部で9段落あります。第1段落には「なぜ、ありの行列ができるのでしょうか。」という問いが書かれています。第2段落～第8段落には、ありについて実験・観察したことや研究したことについて具体的に書かれています。第9段落には「このように、においをたどって、えさの所へ行ったり、巣に帰ったりするので、ありの行列ができるというわけです。」とまとめが書かれています。

この文章構成を考えるために、横長の大きな四角いわくをつくります。それを縦に区切って、三つの部屋に分けます。それぞれの部屋には、横に線を二本書き、上段・中段・下段に区切ります。

はじめの部屋の上段には「はじめ」、次の部屋の上段には「なか」、最後の部屋の上段には「おわり」という名前を書きます。中段のわくには、段落番号を書きます。「はじめ」の段落番号は①、「なか」の段落番号は②③④⑤⑥⑦⑧、「おわり」の段落番号は⑨になります。

意味段落ごとに区切り、小見出しを書く

次に、「なか」の部屋をまとまりごと（意味段落ごと）に区切り、小見出しをつけます。「ありの行列」では、「なか1」が②③④⑤、「なか2」が⑥⑦⑧に分けられます。そして、最後に下段のわくに小見出しを書きます。「はじめ」は「問い」、「なか1」は「実験・観察」、「なか2」は「研究」、「おわり」は「まとめ」と書きます。

三部構成の表を書く

意味段落ごとに区切り、小見出しを書く

授業術3
板書で思考を深める

板書の方法〈物語〉

中心人物の変容を図や表にまとめる

物語では、登場人物の中の**中心人物（主人公）の変容**が描かれていることが一般的です。物語によっては、始まりと終わりで中心人物の変容が大きいものもあれば、小さいものもあります。中心人物の変容を考えるとき、**変容を図や表にまとめる**と、その変化を見つけやすくなります。例えば、「大造じいさんとガン」（光村図書『国語五』平成二十七年度版）では、大造じいさんの残雪に対する見方が次のように変化していきます。

「たかが鳥」→「たいしたちえをもっている」→「またしても、残雪にしてやられ、『ううん。』と、うなってしまう」→「ぐっとじゅうをかたに当て、残雪をねらった。が、なんと思ったか、再びじゅうを下ろしてしまう」→「ただの鳥に対しているような気がしない」→「ガンの英雄・えらぶつ」

この変化を図で表し、どのように変容していったのかをつかませるようにするのです。

黒板を上下段の二つに分ける

物語では、**登場人物の相互の関係やかかわり方がわかるように板書する**ことも大切です。とくに、中心人物とそれにかかわる人物の二人の関係がわかるようにするには、黒板を上段と下段の二つに分けて板書する方法があります。

例えば、「ごんぎつね」（光村図書『国語四下』平成二十七年度版）で「ごん」と「兵十」の行動や会話を「ごん」を上段、「兵十」を下段に書き、お互いのかかわり方がわかるようにします。上段の「ごん」のところには「いたずらで、うなぎをぬすむ」と書き、下段の「兵十」のところには「『ぬすっとぎつねめ。』（にくしみ）」と書き、「ごん」と「兵十」のかかわり方を明らかにするのです。

板書

中心人物の変容を図や表にまとめる

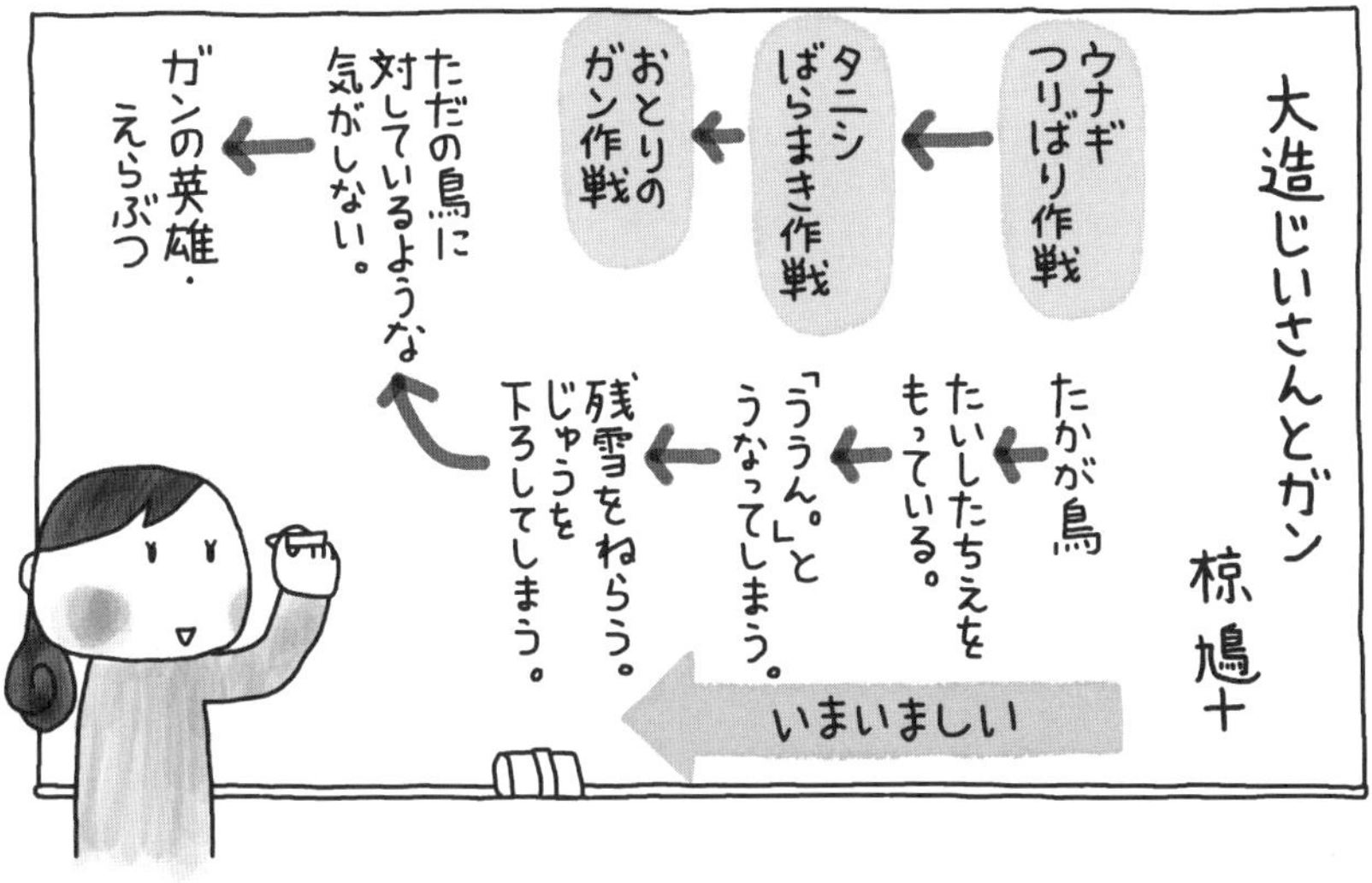

黒板を上下段の二つに分ける

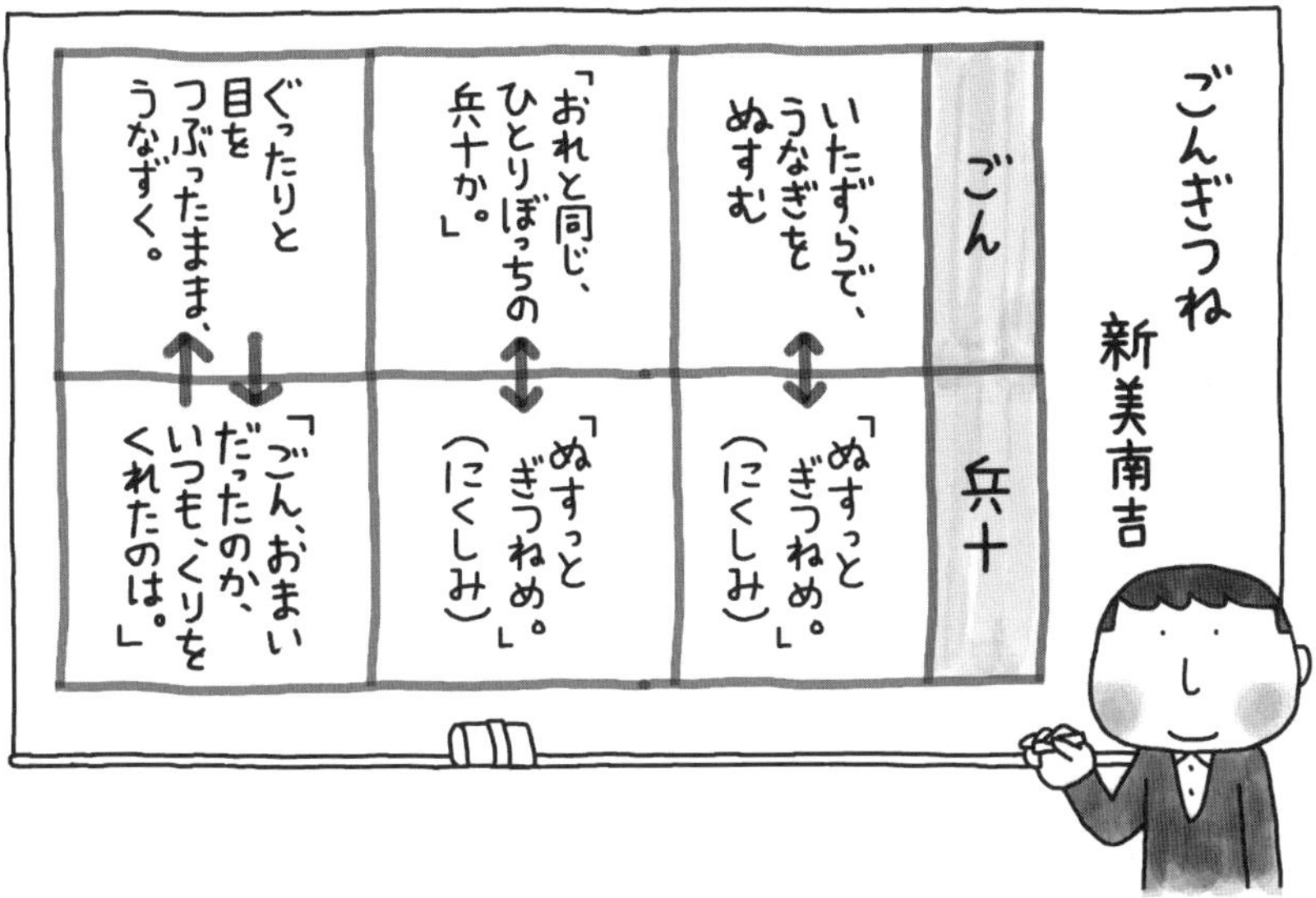

授業術3
板書で思考を深める

板書の「はじめ」の部分に書く内容

「題名」「作者名」「筆者名」を書く

物語の場合は「題名」と「作者名」、説明文の場合は「題名」と「筆者名」を黒板の右端に書きます。そして、それを学級全員が声をそろえて、例えば「ごんぎつね6」「新美南吉」と読みます。声をそろえて音読することにより、「今日は『ごんぎつね』の第6場面を勉強するんだな」『ごんぎつね』を書いたのは、新美南吉という人なんだな」と確かめることができるからです。

毎時間、**授業のはじめは「題名」と「作者名」（物語の場合）、「題名」と「筆者名」（説明文の場合）を学級全員で音読する**ので、「題名」と「作者名」、「題名」と「筆者名」をセットで覚えることができます。

本時の「学習のめあて」を書く

「題名」と「作者名」、「題名」と「筆者名」の隣には、本時の「学習のめあて」を書きます。本時の学習のめあてを口頭で「今日のめあては、○○です」と言う教師をよく見かけますが、これはよくありません。授業の始まりでは覚えていても、授業が進んでいくうちに忘れてしまうからです。

学習のめあてが書いてあれば、教師も子どもたちもそのめあてが達成できるように確かめながら、授業にのぞむことができます。その際、**学習のめあては具体的にする**ことが大切です。例えば、「ごんぎつね」の第6場面では、「ごんと兵十の気持ちを考える」ではなく、「ごんの兵十に対する思い、兵十のごんに対する見方の変化を読む。」と書きます。

学習のめあても、学級全員で声をそろえて音読し、「めあてを達成するぞ！」という気持ちをつくります。

「題名」「作者名」「筆者名」を書く

本時の「学習のめあて」を書く

授業術3 板書で思考を深める

板書の「なか」の部分に書く内容〈説明文〉

「問い」の文と「答え」を書く

筆者の説明を読み取る説明文の授業では、**まず説明文の「はじめ」の段落にある「問い」や「話題」の文を板書します。次に、「なか」の意味段落に書いてある「答え」を子どもたちが読み取り、それを板書します。**

例えば、「すがたをかえる大豆」（光村図書『国語三下』平成二十七年度版）では、次のように板書します。

「昔からいろいろ手をくわえて、おいしく食べるくふうをしてきました。」と話題を書きます。その答えを「おいしく食べるくふう」「食品」の項目立てをして、板書していきます。

・「なか1」……その形のままいったり、にたりして、やわらかくする。（豆まきの豆、に豆）
・「なか2」……こなにする。（きなこ）
・「なか3」……えいようを取り出して、ちがう食品にする。（とうふ）
・「なか4」……小さな生物の力で、ちがう食品にする。（なっとう、みそ、しょうゆ）
・「なか5」……とり入れる時期や育て方をくふうする。（えだ豆、もやし）

「まとめ」と「筆者の感想」を区別して書く

「おわり」の段落には、説明文のまとめが書いてあるので、それを子どもたちが読み取り、板書します。

「おわり」には、「まとめ」だけでなく筆者の感想や主張が書かれていることが一般的なので、これを区別して書きます。「すがたをかえる大豆」では、大豆の食べ方がたくさん工夫されてきた理由と、「大豆のよいところに気づき、食事に取り入れてきた昔の人々のちえにおどろかされます。」という筆者の感想が書かれているので、区別して書きます。

「問い」の文と「答え」を書く

話題
昔からいろいろ手をくわえて、おいしく食べるくふうをしてきました。
おいしく食べるくふう
食品
なか1
その形のままいったり、にたりして、やわらかくする。
豆まきの豆
に豆
なか2
こなにする。
きなこ
なか3
えいようを取り出して、ちがう食品にする。
とうふ
なか4
小さな生物の力で、ちがう食品にする。
なっとう
みそ
しょうゆ
なか5
とり入れる時期や育て方をくふうする。
えだ豆
もやし

授業術3
板書で思考を深める

板書の「なか」の部分に書く内容〈物語〉

主要な発問と見つけたキーワードを書く

物語の内容を読み取る授業では、**主要な発問を書き、その理由の根拠となる文を子どもたちに見つけさせ、板書する**ようにします。このようにすることによって、物語を注意深く読めるように導くことができます。

例えば、「大造じいさんとガン」（光村図書『国語五』平成二十七年度版）で「大造じいさんは残雪をなぜうたなかったのでしょうか？」と発問をします。そして、子どもたちが見つけたその理由がわかる文を「残雪の目には、人間もハヤブサもない」「ただ、救わねばならぬ仲間」「じいさんを正面からにらみつけた」「いかにも頭領らしい、堂々たる態度」「最期の時を感じた頭領としてのいげん」「ただの鳥に対しているような気がしない」とできるだけ短く板書します。

課題をひも解くこれらのキーワードの関係性もわかるように板書します。すなわち、「ただの鳥に対しているような気がしない」という言葉に収れんしていることがわかるように、**線や矢印を使って、言葉のつながりを意識させます。**

もっとも重要なキーワードの読み取り内容を書く

キーワードのつながりがわかったら、**もっとも重要なキーワードについての読み取りをし、その内容を板書**します。先の例でいえば、「ただの鳥に対しているような気がしない」という言葉を読み深めるのです。「このとき、大造じいさんはどのような思いだったのでしょうか？」と発問して考えさせます。子どもたちからは、「りっぱな人間のように思えた」「残雪の態度に心が打たれた」「ひきょうなやり方で残雪をうとうとした自分がはずかしい」などの考えが出てきます。これらをカラーのチョークで板書し、「大造じいさんは残雪をなぜうたなかったのでしょうか？」という主要な発問の答えを読み解きます。

主要な発問と見つけたキーワードを書く

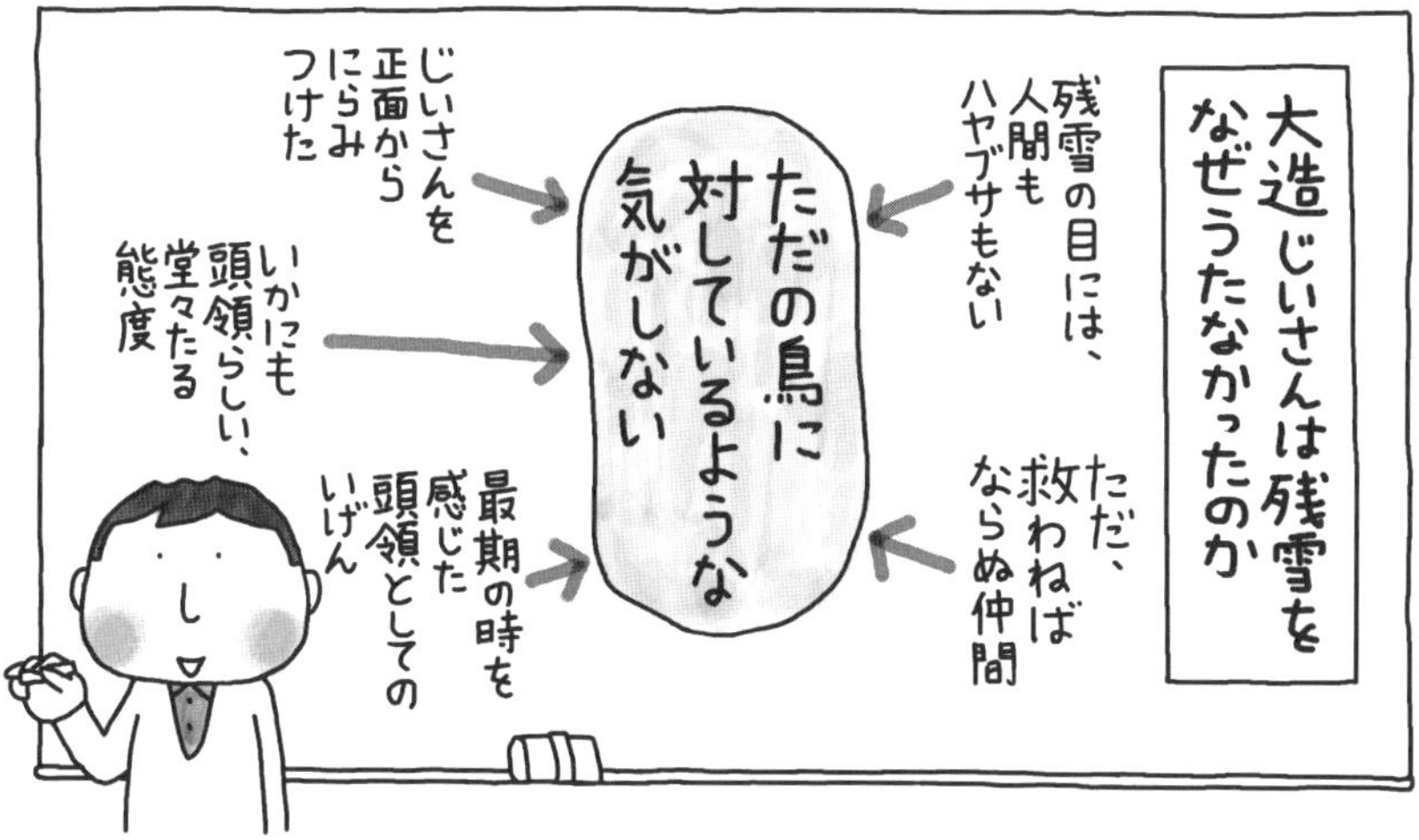

もっとも重要なキーワードの読み取り内容を書く

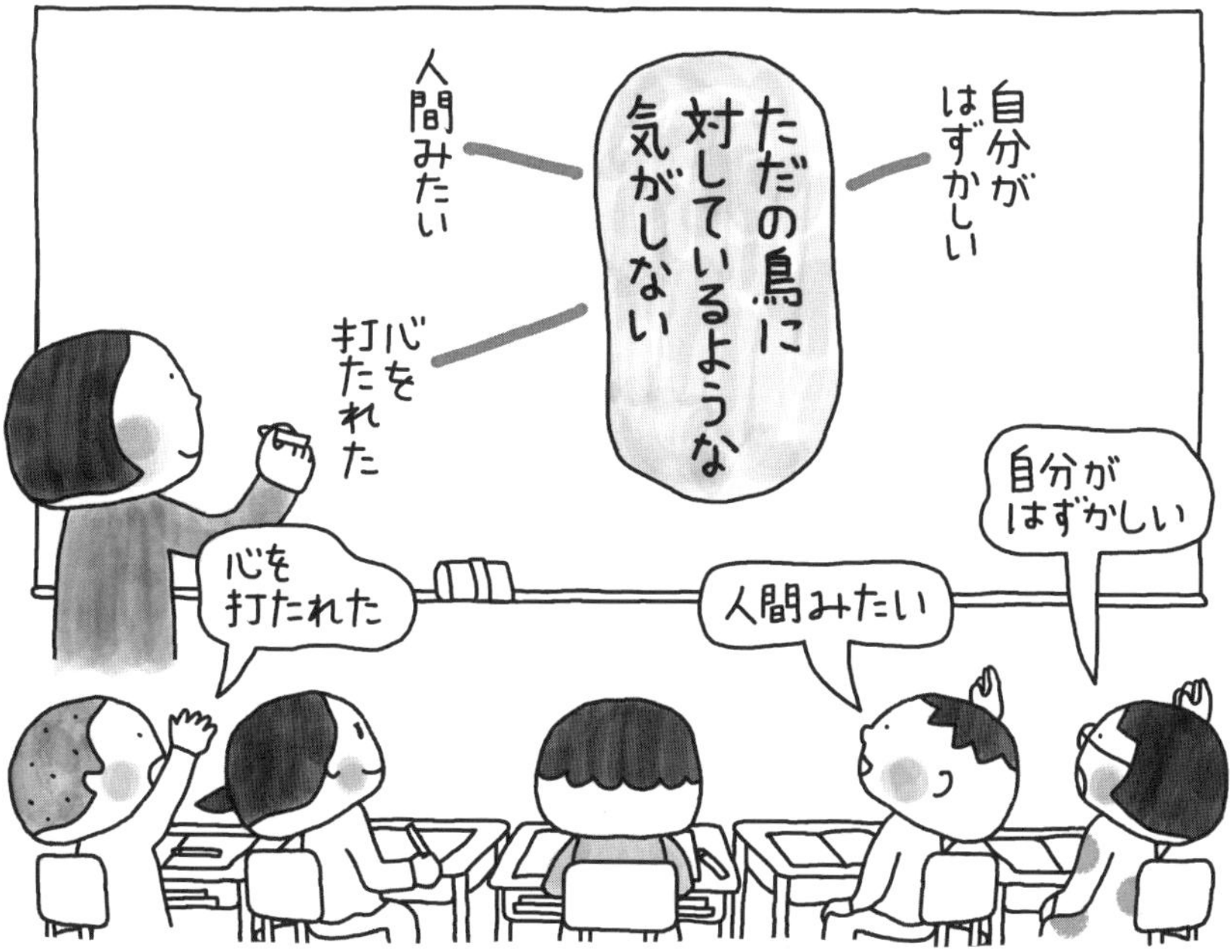

授業術3
板書で思考を深める

板書の「おわり」の部分に書く内容

新しく学んだ学習方法を書く

板書の「おわり」の部分は、授業のまとめを書きます。まとめは、二つの観点で書きます。一つは、**新しく学んだ学習方法について板書し、みんなで確認**します。例えば、「ごんぎつね」（光村図書『国語四下』平成二十七年度版）の読み取りでは、「ぬすみやがった」と「ぬすんだ」を、「ごんぎつねめ」と「ごんぎつね」を比べて読むことによって、兵十のごんに対する憎しみが読み取れます。似たような言葉を比べて読むと人物の気持ちが読み取れるということを学んだので、**「にた言葉をくらべて読む」とわざわざ板書して確認**します。そうすることによって、**学習方法を一般化し、ちがう物語の読み取りでも活用できるようにする**のです。

説明文の読み取りでも同じです。例えば、「いろいろな　ふね」（東京書籍『あたらしいこくご一下』平成二十七年度版）の読み取りでは、「きゃくせん」「フェリーボート」「ぎょせん」「しょうぼうてい」についてそれぞれ三文ずつで説明されていて、一文目がまとめて書いてある文（中心になる文）になっていることを学びます。**「一文目にいいたいことがまとめてかいてある」とわざわざ板書して確認**します。こうすることによって、ちがう説明文の読み取りでも活用できるようにします。

感想の書き方を示す

まとめに書くもう一つの内容は、**学習内容についての感想の書き方についての板書**です。子どもたちに、なんでもいいので自由に感想をノートに書かせる方法もありますが、本時の「学習のめあて」とかけ離れた感想になることもあります。そこで、「ごんと兵十の行動から二人の気持ちを考えました。私は（ぼくは）、……」と**本時の「学習のめあて」にそった書き出しを板書し、子どもたちの感想を書きやすくします。**

新しく学んだ学習方法を書く

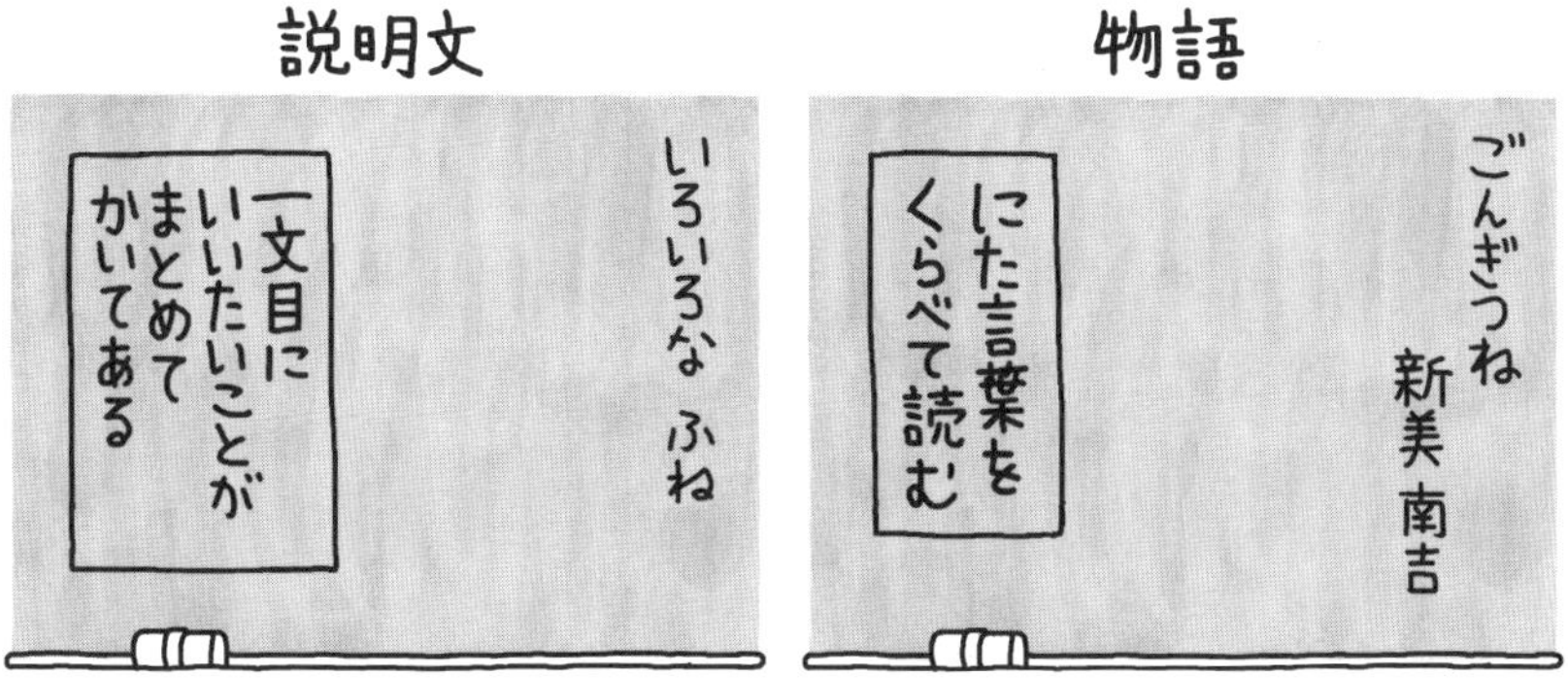

感想の書き方を示す

授業術4
ノート指導で定着を図る

漢字のノート指導のポイント

「新出漢字ノート」と「国語ノート」を使い分ける

漢字の学習には、二種類あります。一つは、新出漢字の読み方（音・訓）、部首、画数、筆順、意味、使い方を学ぶものです。新しい漢字の定着を図るために、**新出漢字を学ぶためだけに使う「漢字ノート」**を使います。

もう一つは、**部首、組み合わさってできる言葉、熟語の組み立てなど、漢字でできた言葉を学ぶ**ものです。これについては、**「国語ノート」**を使います。漢字でできた言葉についての学習ノート例を紹介します。

・日付を書く↓（例）十一月二十日（月）
・学習のタイトルを書く↓（例）熟語の意味
・学習のめあてを書く↓（例）漢字の組み合わせについて調べ、熟語をさがす。
・学習した内容を書く↓（例）①にた意味の漢字を組み合わせたもの
「救助」（「救う」と「助ける」）「連続」（「連なる」と「続く」）
「道路」（「道」と「路」）「同等」（「同じ」と「等しい」）
②反対の意味の漢字を組み合わせたもの
「上下」（「上」と「下」）「大小」（「大きい」と「小さい」）
「左右」（「左」と「右」）「前後」（「前」と「後ろ」）
「勝負」（「勝つ」と「負ける」）「親子」（「親」と「子」）
・学習の感想を書く↓（例）反対の意味の漢字の組み合わせをさがすのはかんたんだったけれど、にた意味の漢字の組み合わせをさがすのがむずかしかったです。

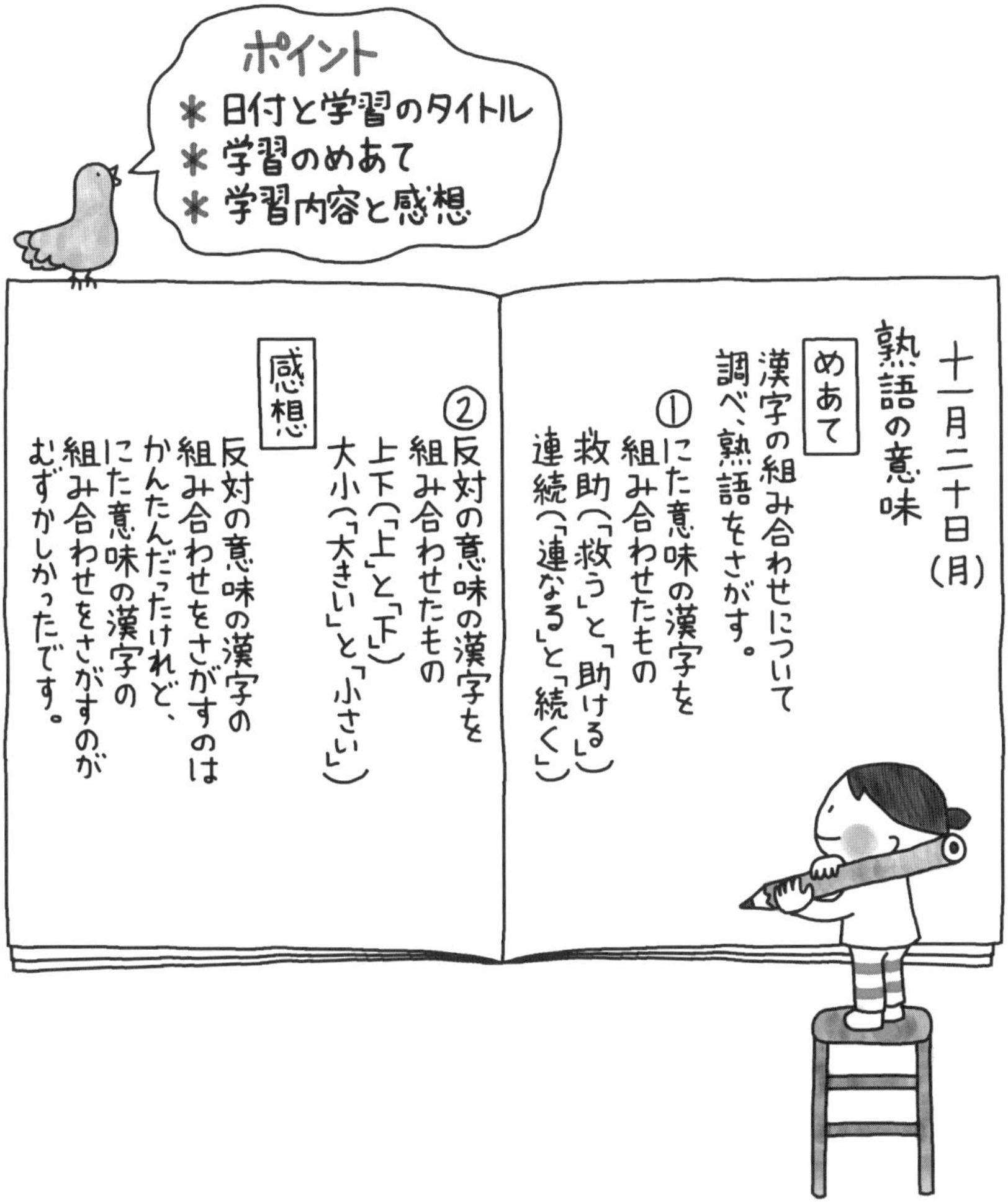

ポイント
＊日付と学習のタイトル
＊学習のめあて
＊学習内容と感想
十二月二十日(月)
熟語の意味
めあて
漢字の組み合わせについて
調べ、熟語をさがす。
①にた意味の漢字を
組み合わせたもの
救助(「救う」と「助ける」)
連続(「連なる」と「続く」)
②反対の意味の漢字を
組み合わせたもの
上下(「上」と「下」)
大小(「大きい」と「小さい」)
感想
反対の意味の漢字の
組み合わせをさがすのは
かんたんだったけれど、
にた意味の漢字の
組み合わせをさがすのが
むずかしかったです。

授業術4
ノート指導で定着を図る

説明文のノート指導のポイント

文章構成や段落ごとの要点がわかるように書かせる

説明文の授業では、文章の構成を読み取らせ、文章全体のあらましをまとめることが重要です。**板書も文章の構成や段落ごとの要点がわかるように書きます**。したがって、この**板書をそのままノートに書き写させる**ようにします。説明文の授業では、次の項目をしっかりノートに書かせます。「すがたをかえる大豆」（光村図書『国語三下』平成二十七年度版）を例にして、紹介します。

・日付を書く↓（例）十一月二日（水）
・題名と筆者名を書く↓（例）すがたをかえる大豆　国分まきえ
・学習のめあてを書く↓（例）おいしく食べるくふうと食品についてまとめる。
・読み取った内容を書く↓
（例）「なか1」……その形のままいったり、にたりして、やわらかくするくふう（豆まきの豆、に豆）
「なか2」……こなにひいて食べるくふう（きなこ）
「なか3」……えいようだけを取り出して、ちがう食品にするくふう（とうふ）
「なか4」……小さな生物の力をかりて、ちがう食品にするくふう（なっとう、みそ、しょうゆ）
「なか5」……とり入れる時期や育て方をかえて食べるくふう（えだ豆、もやし）
・学習の感想を書く↓（例）ぼくは、この学習をしてわかったことがあります。それは、おいしく食べるために食品の大豆をいろいろとつくりかえていることです。また、食品のつくり方だけではなく、植物のダイズのとり入れる時期や育て方もくふうしていることです。

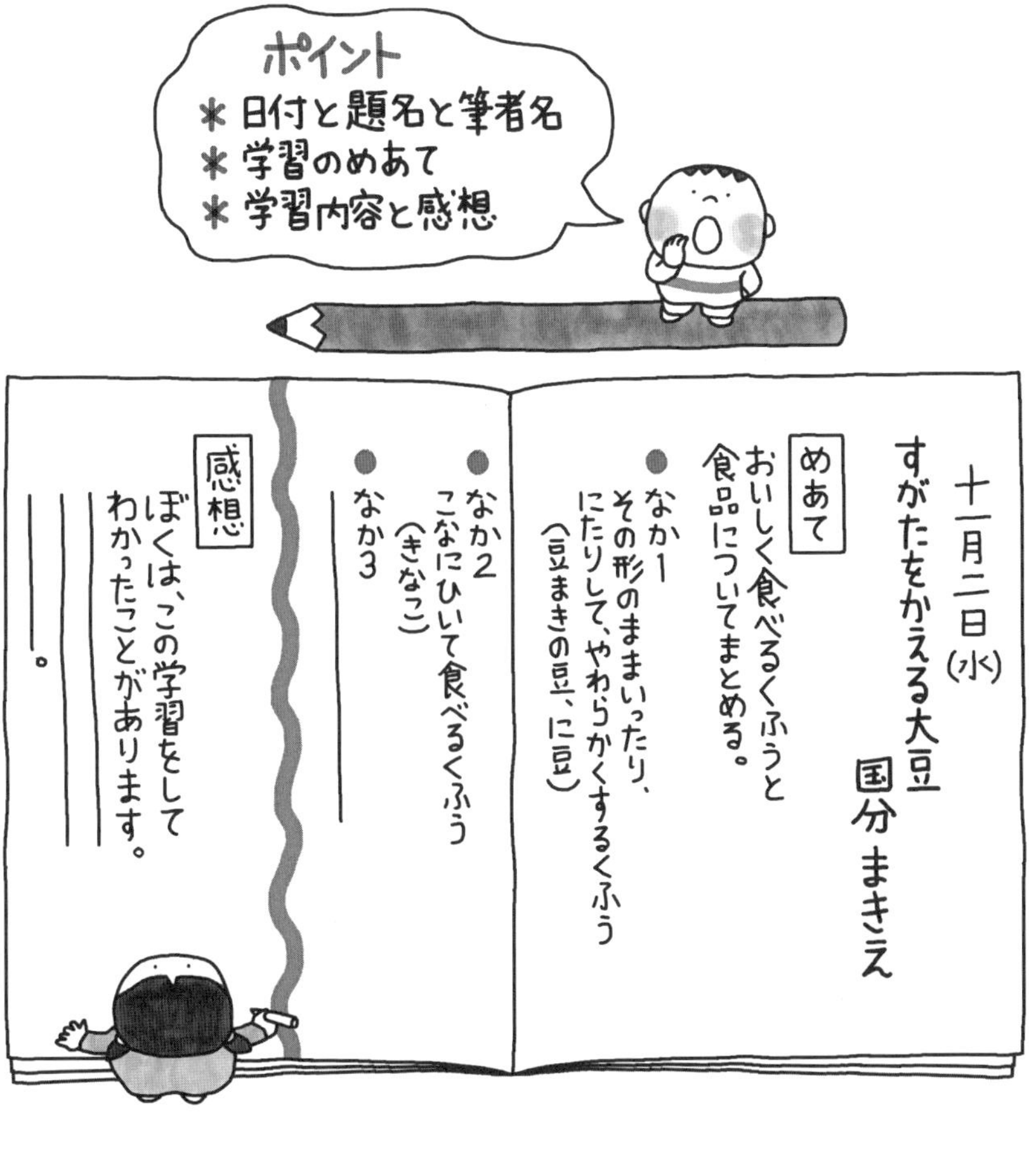
ポイント
＊日付と題名と筆者名
＊学習のめあて
＊学習内容と感想
十一月二日(水)
すがたをかえる大豆
国分まきえ
めあて
おいしく食べるくふうと
食品についてまとめる。
なか1
その形のままいったり、
にたりして、やわらかくするくふう
(豆まきの豆、に豆)
なか2
こなにひいて食べるくふう
(きなこ)
なか3
感想
ぼくは、この学習をして
わかったことがあります。
。

授業術4 ノート指導で定着を図る

物語のノート指導のポイント

板書の中の重要部分を書き写させる

物語の授業では、**必ず板書しながら文章の内容を読み取らせます**。そして、この**板書の中の重要な部分だけをノートに書き写させる**ようにします。物語の授業では、次の項目をしっかりノートに書かせます。「ごんぎつね」（光村図書『国語四下』平成二十七年度版）を例にして、紹介します。

・日付を書く↓（例）十月十二日（火）
・題名と作者名を書く↓（例）ごんぎつね1　新美南吉
・学習のめあてを書く↓（例）「前ばなし」を読んで、ごんが、どんなきつねかを読み取る。
・読み取った内容を書く↓
（例）ひとりぼっちの小ぎつね――親や兄弟がいない、体が小さいきつね。（子どもではない）
中山から少しはなれた山の中――村に行きやすいところに住んでいる。
森の中、あな――用心深い
いたずらばかり――かまってほしい、気をひこうとする
①いもをほり散らす　②菜種がらに火をつける　③とんがらしをむしり取る
④いろんなことをする
・学習の感想を書く↓（例）はじめは、ごんはやんちゃで村の人がこまるのをおもしろがっていたずらをしていると思いましたが、そうではなく、みんなの気をひこうとしていたずらをしていることがわかりました。

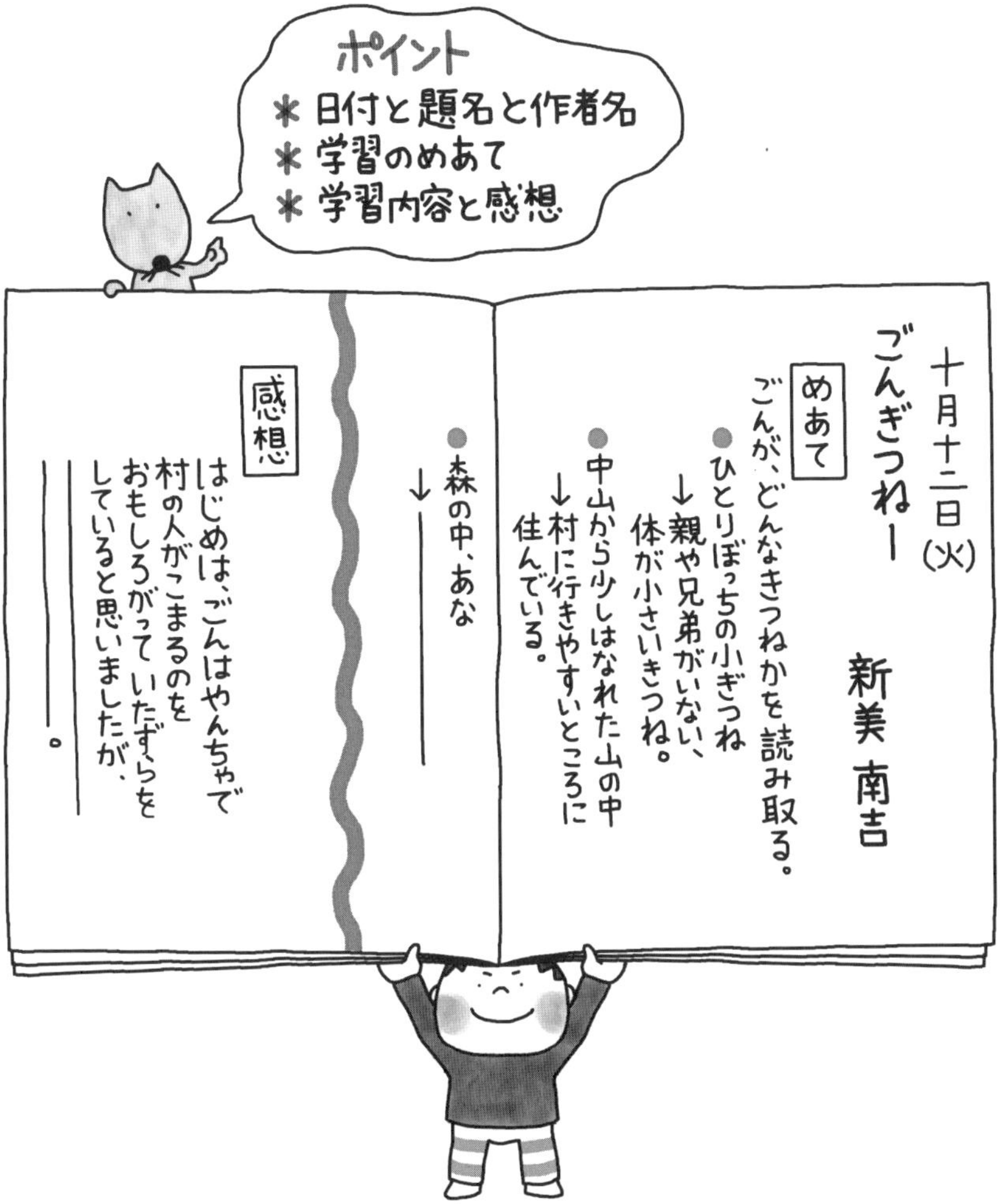
ポイント
＊日付と題名と作者名
＊学習のめあて
＊学習内容と感想
十月十二日(火)
ごんぎつね
新美 南吉
めあて
ごんが、どんなきつねかを読み取る。
●ひとりぼっちの小ぎつね
↓親や兄弟がいない、
体が小さいきつね。
●中山から少しはなれた山の中
↓村に行きやすいところに
住んでいる。
●森の中、あな
↓
感想
はじめは、ごんはやんちゃで
村の人がこまるのを
おもしろがっていたずらを
していると思いましたが、
。

授業術4
ノート指導で定着を図る

詩のノート指導のポイント

詩の全文を視写させる

詩は、いろいろな技法や工夫を使って書かれています。詩をていねいに視写するだけでも、連と連の間は一行空けること、同じ言葉が繰り返し使われていることなど、いろいろな技法や工夫に気づきます。そこで、詩の授業では、**必ず詩を板書し、そこへ読み取ったことを書き入れていきます。**子どもたちにも**ノートに詩を視写させ、次のページに読み取った内容を書かせる**ようにします。

「わたしと小鳥とすずと」（光村図書『国語三上』平成二十七年度版）を例にして、紹介します。

・日付を書く↓（例）九月十五日（金）
・題名と作者名を書く↓（例）わたしと小鳥とすずと　金子みすゞ
・学習のめあてを書く↓（例）詩のくふうを読み取る。
・読み取った内容を書く↓
（例）一連「わたし」（とべない）↔「小鳥」（走れない）

　二連「わたし」（音がでない）↔「すず」（うたを知らない）

　「わたし」と「小鳥」と「すず」のできないことを四行書きにしてくらべている。

　三連「みんなちがって、みんないい。」とよいことを書いている。

　くふう（二行書き、「すず」「小鳥」「わたし」と小さい順に書いたり、「と、」と書いたりして、小さいものやよわいものの大切さを表している）
・学習の感想を書く↓（例）三連で「と、」「と」をくらべて読むことで、「、」の役わりの大切さがわかりました。

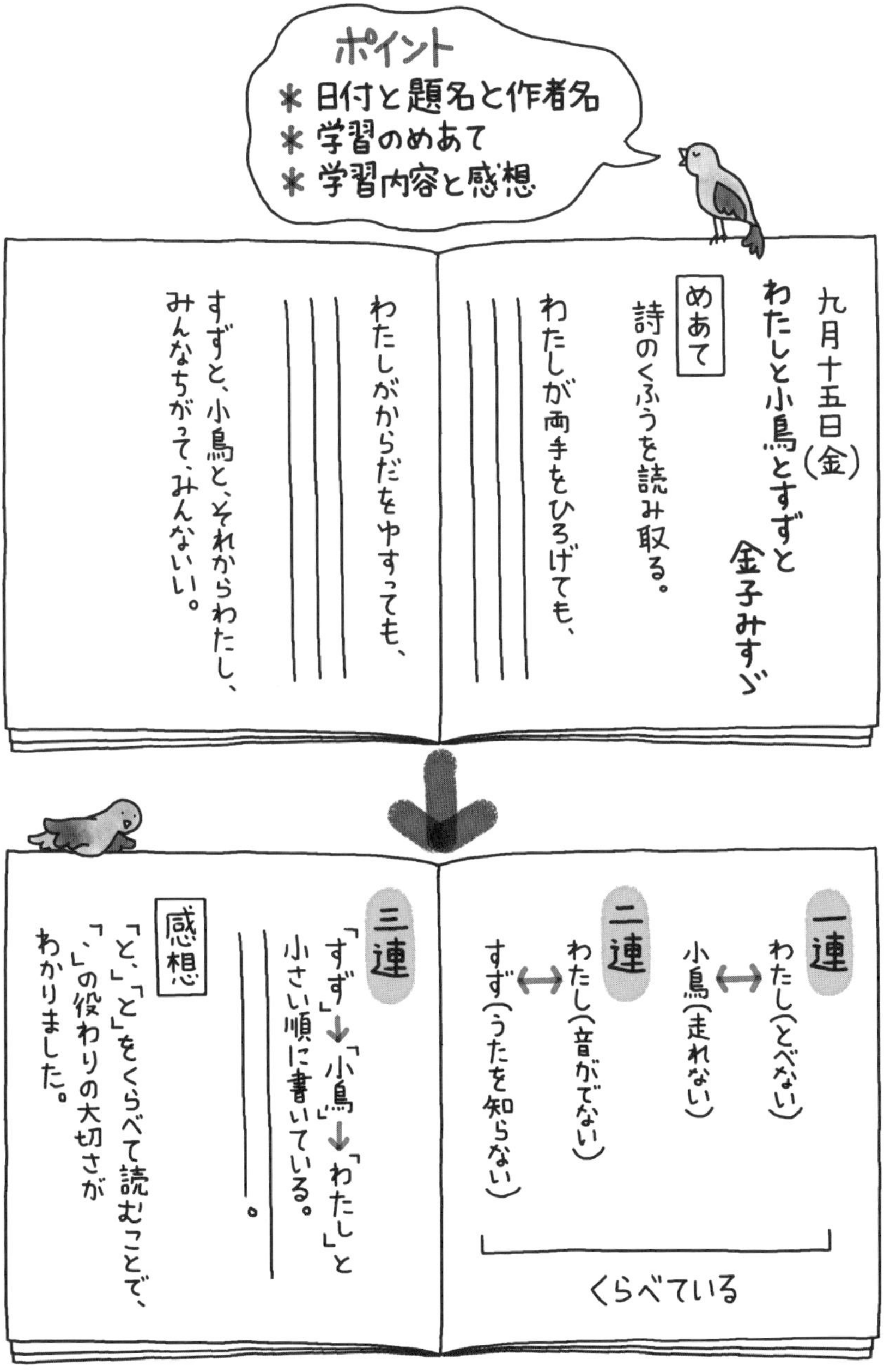
ポイント
＊日付と題名と作者名
＊学習のめあて
＊学習内容と感想
九月十五日（金）
わたしと小鳥とすずと
金子みすゞ
めあて
詩のくふうを読み取る。
わたしが両手をひろげても、
わたしがからだをゆすっても、
すずと、小鳥と、それからわたし、
みんなちがって、みんないい。
一連
わたし（とべない）
小鳥（走れない）
二連
わたし（音がでない）
すず（うたを知らない）
くらべている
三連
「すず」「小鳥」「わたし」と
小さい順に書いている。
感想
「と」、「と」をくらべて読むことで、
「、」の役わりの大切さが
わかりました。

授業術４
ノート指導で定着を図る

ノート力を伸ばすコツ

ノートはていねいに書かせる

授業の中では、ノートを書く機会がいくつかあります。「答えを書く」「自分の考えを書く」「友だちと話し合ったことを書く」「聞いたことを書く」などの場面です。さらに、板書をノートに写す場面もあります。

ノートに書くときに大事なことは、なんといってもていねいに書くことです。**文字の筆順を正しく書くこと、文字の形を整えること、句読点に気をつけること、サイドラインを引いたり、わくで囲ったりするなど線を引くときには定規を使うこと**などに気を配るようにさせます。

時間をとって板書をノートに書き写させる

板書を写させるときは、**時間を十分に確保し、書き方を一つひとつていねいに教えます**。板書には、その授業の要点や学習した成果が書かれています。この板書をノートにていねいに書き写させることは、学習内容の大事なことを確かめさせることになります。また、新しく学習した文章や大事な語句や語彙を理解し、ノートに書くことを通して覚えることもできます。

ノートの書き方を評価する

ノートに文字をていねいに書くのには、時間がかかります。したがって、ノートに書く量があまり多くならないように気をつけます。また、文字をていねいに書けている子には、「ていねいに書けているので、見やすいノートですね」、自分の考えが書けている子に対しては「自分の考えが書けているのは、りっぱですね」などと**どんどんほめる**ようにします。さらに、ノートに赤ペンで一口コメントやサインを書いて励ますようにもします。

ノート指導

ノートはていねいに書かせる

時間をとって板書をノートに書き写させる

ノートの書き方を評価する

授業術5

机間指導で学習状況をつかむ

一人ひとりの子どもの学習状況をつかんで指導する

一斉指導では机間指導をうまく組み合わせる

授業において、一斉指導だけでは、子ども一人ひとりの反応までしっかりつかむことができません。一斉指導でわかる子どもとわからない子どもが出てきても、誰がどこでつまずいているかがわかりません。それを補うためには、机間指導がどうしても必要です。

一斉指導では、**机間指導をうまく組み合わせて一人ひとりの子どもの学習状況をつかみ、助言をしながらつまずきを解消**してあげることが大切です。

例えば、国語辞典の引き方の学習で「ねる」という言葉をさがす場面では、学級全体をおおまかに見て回り、学習状況をつかみます。そして、さがし方がわからなくてつまずいている子どもに対しては、①まず一字目の「ね」をさがす、②次に二字目の「る」をさがす、「ねらい、ねらう……」とさがしていくと「ねる」が見つかることを、個別に助言します。

机間指導の回り方を工夫する

机間指導をするときに大切なことがあります。それは、**短時間に、的確に、ずばりと指導**することです。机間指導で時間をとりすぎてしまうと、授業を計画通りに進めることができなくなってしまいます。

そこで、机間指導では、まず学級全体の学習状況をつかむために、**大まかに見て回ります**。次に、つまずいている子どものところへ行き、**個別に助言**します。また、机間指導の回り方もいつも同じコースや同じ場所からのスタートではなく、いろいろと変えてみます。それは、**いつも同じ子どもが見回りの最後にならないようにする**ためです。**つまずきやすい子どものところへは、誰よりも先に行く**ようにもします。

一斉指導では机間指導をうまく組み合わせる

机間指導の回り方を工夫する

授業術5
机間指導で学習状況をつかむ

指示に対する子どもの理解や学習状況をつかむ

指示した作業行動ができているかをつかむ

机間指導で教師による観察が必要なのは、子どもが作業学習をしている場合です。**教師の指示した作業行動が子どもたちに理解され、その指示通りに進められているかどうかを検討**します。

例えば、「読む」に言葉を足して意味を加えている言葉をさがす学習では、「読み上げる」「読み聞かせる」「読み切る」「読み通す」「読み取る」「読みふける」などの言葉をどんどんノートに書き出させていきます。うまく作業が進んでいる子どもに対しては、「たくさん見つけたね。この調子でがんばろう」と励ましの言葉がけをします。子どもの作業が指示通りに進んでいない場合は、『「読み」の後ろに言葉を加えればいいんだよ』と助言します。

ドリル的学習で子どもの学習状況をつかみ、励ます

ドリル的学習は、同じことを繰り返し練習し、基礎的な学力をしっかり定着させるためによく行われます。子どもによって学習状況がちがうので、机間指導で一人ひとりの学習状況をしっかりつかみ、適切な指導をすることが大切です。

例えば、平仮名、片仮名、漢字の文字指導の学習では、机間指導で書き順が正しいか、形は整っているかなどをていねいに点検します。一斉指導では、それを発見することは困難だからです。そして、机間指導では、点検するだけでなく、「正しい書き順で書けているね」「形が整っていて、うまく書けているね」と**声をかけて励ましたり、赤ペンで丸付けをしてほめたりする**ようにします。このことにより、子どもたちの学習意欲を一層高めることができます。

指示した作業行動ができているかをつかむ

ドリル的学習で子どもの学習状況をつかみ、励ます

授業術5
机間指導で学習状況をつかむ

一人ひとりの子どもの考えをつかみ、学級全体の思考傾向を知る

机間指導によってノートの内容をつかむ

学級全体で主要な発問について話し合い、考えを深めようとするとき、**誰がどのような考えをもっているかを事前につかんでおく**ことが大切です。挙手した子どもを無作為に指名し、発言させても、話し合いが焦点化されず、中身を深めることができないからです。

そこで、**一人ひとりの子どもに主要発問についての考えをノートに書かせ、机間指導によって誰がどのような考えをもっているかをつかむ**ようにします。そして、どの考えとどの考えを取り上げて比較させるかという選択をします。机間指導では、「この考えはいいね。君に発表してもらうよ」と声をかけ、指名する子どもに心の準備をさせます。

例えば、「ごんぎつね」（光村図書『国語四下』平成二十七年度版）で兵十の気持ちを読み取る学習で、「……ごんを、ドンとうちました。ごんは、ばたりとたおれました。兵十はかけよってきました。」を読ませ、「そのとき、兵十は何を考えましたか。ノートに書きましょう」と発問し、指示します。

教師は机間を回って一人ひとりの子どものノートの内容を読んで、学級全体の思考傾向をつかみます。「ごんが死んだかどうか考えた。」「うちの中が荒らされていないか考えた。」という考えが書いてあったら、この二つの考えを比較させることによって、兵十の気持ちを読み取らせるようにするのです。

ノートに自分の考えを書くのは、重要な発問のときに限定する

教師の発問に対して、いつでも自分の考えをノートに書くのではなく、**ノートに書くのは重要な発問やポイントになる発問のときだけに限定**します。それは、ノートに考えを書くのに時間がかかり、授業展開に支障が出るからです。

机間指導によってノートの内容をつかむ

ノートに自分の考えを書くのは、重要な発問のときに限定する

机間指導

授業術5
机間指導で学習状況をつかむ

学習グループでの話し合いがうまくいくように指導する

発言者が限られているときは、全員に発表意欲をもたせる

授業の中で学習グループで話し合いをして、それぞれの考えを交流したり、考えをまとめたりすることがよくあります。しかし、学習グループでの話し合いがうまく進まないことがあります。同じ子どもばかりが発言したり、学力の高い子どもが発言するとみんなその考えに従ってしまったりして、考えを交流できないのです。

そのようなときには、机間指導で**メンバー全員に発表させるように司会者を指導**したり、「どんな考えも大切です。いろいろな考えがあるから学び合えるのです。自信がなくてもいいから発表しましょう」と**助言**したりします。

話し合いが始まらないときは、まず司会者に話し始めさせる

学習グループのメンバーが自分の考えがまとまらず、なかなか話し合いが始められないこともあります。そのようなときには、机間指導で司会者に「まず、君の考えを言ってみてください。その考えについてどう思うかをメンバーに順番に聞いてみると、話し合いが始まるよ」と**司会者に話し始めさせるよう助言**します。

話し合いが止まったら、疑問点を出し合うように促す

学習グループでの話し合いがうまく進まず、途中で止まってしまうこともあります。ひと通り自分の考えを発表したものの、それらの発言が絡み合うことがないために止まってしまう場合です。そのようなときには、「もう一度考えを発表し合って、疑問に思うことを出し合いましょう」と**再考を促す助言**をします。

発言者が限られているときは、全員に発表意欲をもたせる

話し合いが始まらないときは、まず司会者に話し始めさせる

話し合いが止まったら、疑問点を出し合うように促す

授業術6
指名で授業を組み立てる

挙手した子どもの中の一人を指名する

発言者を特定して学習をより有益なものにする

授業を成立させるための基礎技術の一つに「指名」があります。指名は発言者を特定する教師の指示です。教師の問いかけや発問に対して、**発言者を特定することで学級全体の学習をより有意義なもの、有益なものにする**ことができます。したがって、授業における指名は、とても重要なものといえます。

発問に対する反応具合や理解度をつかむ

一番よく使われる一般的な指名方法は、教師の発問に対して挙手をさせ、手を挙げた何人かの子どもの中の一人を指名する方法です。

この方法は、子どもに**挙手させることにより、発問に対する子どもの反応具合や理解度を把握する**ことができます。また、**発問について子どもが考える時間を教師が自在にコントロールする**こともできます。すぐに手を挙げた何人かの子どもの中から一人を指名するのではなく、挙手が増えるまで指名するのをしばらく待って、子どもがじっくり考えることができるようにするのです。

みんなが挙手できるように励ます

しかし、問題点もあります。積極的に挙手する子どもばかりが活躍し、わかっていても挙手をしない消極的な子どもが傍観者になったり、意欲的に学習に取り組ませたい遅れがちな子どもが置いておかれたりすることです。こうしたことに十分に配慮して、**教師は「考えに自信がなくてもいいんだよ」「まちがっていてもいいんだよ」と声をかけ、できるだけ多くの子どもが挙手するのを待つ**ようにします。

発問に対する反応具合や理解度をつかむ

みんなが挙手できるように励ます

指名

授業術6
指名で授業を組み立てる

列ごとに順番に指名する

多くの子どもに発言させる効果を生かす

子どもを指名する方法の一つに、**列ごとに前から順番に指名する方法**があります。この方法は、**教師主導で順番に発言機会が決められるので、より多くの子どもに発言させることができる**よさがあります。

子どもに教材文を音読させるときは、この方法が適しています。一文ずつ、ある程度のまとまりごとに、段落ごとにというように読ませていきます。子どもたちにとっては、自分が音読する箇所や順番が予測できますから、安心して音読することができます。

前の時間の授業の復習をしたり、答え合わせをしたりするときにも、この方法で子どもを指名します。例えば、「反対の意味の言葉を見つけよう」という課題に対して、子どもたちが見つけた答えを「上↔下」「右↔左」「きのう↔あした」「大きい↔小さい」「新しい↔古い」「明るい↔暗い」「起きる↔ねる」「出る↔入る」というように、列ごとに前から順番に指名し、答えさせていくのです。

気持ちの緩みが生まれたり、緊張感がなくなったりしないようにする

この方法には、問題点もあります。それは、指名されて自分の発言が終わってしまえば、もう指名されることはないという気持ちの緩みが生まれ、緊張感がなくなるということです。また、もっと発言がしたい子どもは、学習意欲が低下してしまいます。

そこで、**列ごとに指名する回数を増やして、緊張感を保つ**ようにします。例えば、音読する場合には一文ずつ読む人を交替して読む「マル読み」を行います。

多くの子どもに発言させる効果を生かす

気持ちの緩みが生まれたり、緊張感がなくなったりしないようにする

授業術6
指名で授業を組み立てる

子どもの学習状況をつかんで意図的に指名する

学習内容を深めるために、どの意見とどの意見をぶつけるかを考え、指名する

子どもの**学習状況をつかんで、どの意見とどの意見をぶつければ学習内容が深められるかを判断し、意図的に指名する**方法があります。この方法は、学級全体の学習が豊かなものになり、全員参加の授業をつくり出すことができます。

まず、子どもの学習状況をつかむために、机間指導やノート指導をします。机間指導によって学級全体の学習状況、各グループの学習状況、一人ひとりの子どもの学習状況をつかみます。また、ノート指導によって、一人ひとりの子どもが課題について自分の考えをノートに書いてまとめられているかどうか、どういう書き方をしているかもつかみます。

次に、学習内容を深めるために、どの考えとどの考えをぶつけるかを考えます。それにもとづいて、意図的に指名します。例えば、「ごんぎつね」（光村図書『国語四下』平成二十七年度版）のクライマックスを見つける学習では、Aの「戸口を出ようとするごんを、ドンとうちました。」だという考えに対して、Bの「『ごん、おまいだったのか、いつも、くりをくれたのは。』」だという考えをぶつけ、この物語では何が事件なのかを考えさせるようにするのです。

指名する順番を考える

学習内容を深められるようにするためには、指名をする順番も大切です。より質の高い発言が早く出てきてしまうと、次の子どもの発言が生きてこなくて、学級全員が試行錯誤しながら正答にたどり着くことができなくなってしまいます。

そこで、**正答に遠い考えをもっている子どもから指名し、だんだん近い考えの子どもへと指名する**ようにします。

どの意見とどの意見をぶつけるかを考え、指名する

指名する順番を考える

授業術6
指名で授業を組み立てる

賛成か反対かの立場を明らかにさせて指名する

賛成か反対かの立場を明らかにさせて考えさせる

子どもたちの学習意欲を引き出し、主体的に学習に取り組ませるために、**一人の発言に対して、みんなに賛成か反対かの立場を明らかにさせてから指名する方法**があります。この方法は、賛成か反対かの立場を明らかにしなければならないので、学級全体が考えざるを得ない状況が生まれます。

例えば、「モチモチの木」（光村図書『国語三下』平成二十七年度版）の学習で、一人の子どもが「豆太は、おくびょうだと思います」と発言します。この考えに対して、教師は「賛成の人」「反対の人」と子どもたちに問いかけ、立場を明らかにさせてから指名します。そして、「豆太は真夜中に、ねまきのまんま、はだしで、半道《はんみち》もあるふもとの村まで、なきなき走ったので勇気があると思います」「じさまが元気になると、そのばんからしょんべんにじさまを起こしたので、おくびょうだと思います」などと根拠を挙げさせながら賛成の立場、反対の立場からどんどん発言させるのです。

話し合う価値がある課題に限定する

この方法は、ディベートのように自分の立場を明らかにして、根拠を挙げながら話し合うので、内容を豊かに読み深めていくことができるというよさがあります。しかし、この方法はなんでもかんでも賛成か反対かの立場を明らかにして話し合えばよいというものではありません。話し合うだけの価値がある場合に限られるのです。

教師が教材研究をしっかり行い、その課題について賛成、反対の立場に分かれて話し合うことが有益かどうかを判断しておくことが大切です。

賛成か反対かの立場を明らかにさせて考えさせる

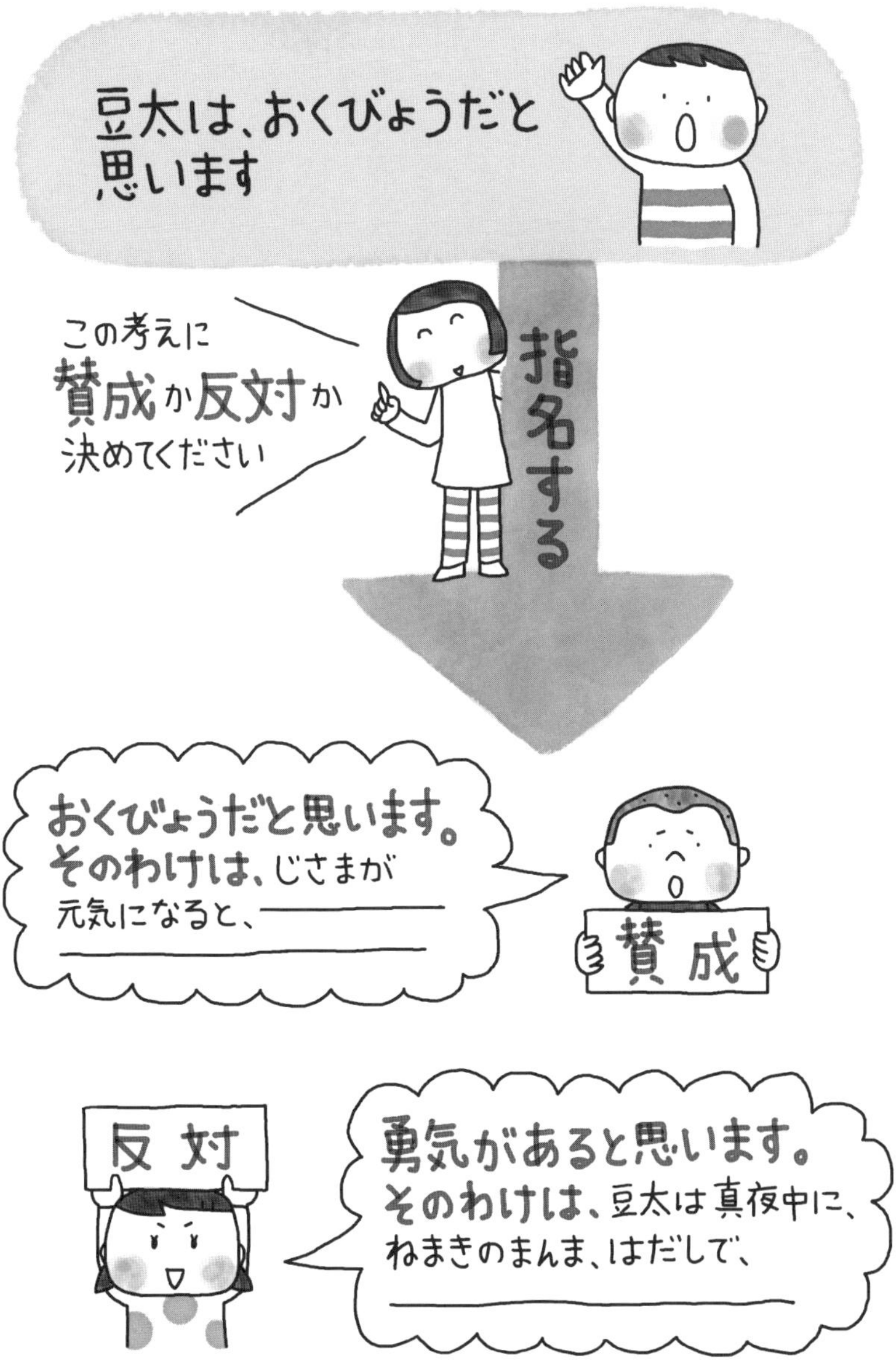

指名

授業術6
指名で授業を組み立てる

指名なしで自由に発表させる

指名なし発言で授業をテンポよく進める

授業では、なんといってもテンポが大切です。授業をだらだらと展開していると、子どもたちは緊張感がなくなり、集中力もなくなっていきます。そこで、教師に指名されてから発言するのが基本ですが、授業の場面によっては、指名なしで自由に発言させることも必要です。

それは、**発問について自分の考えを気軽に次々とテンポよく発言させることによって、子どもたちからたくさんの発言を引き出すことができる**からです。また、**授業にリズムが生まれ、授業への集中度も高まる**からです。例えば、「スイミー」（光村図書『こくご二上』平成二十七年度版）のはじめの場面に書かれている「みんな　赤いのに、一ぴきだけは、からす貝よりも　まっくろ。」からスイミーの人物像を読み取る学習では、指名なしで読み取ったことを発言させると、「『みんな』と『一ぴき』をくらべていて、『一ぴき』が目立っている」「『まっくろ』は『くろ』より黒い」「『まっくろです。』ではなく『まっくろ。』という書き方なので、黒いことを強く言っている」などの発言が次々と出てきます。思いついたことを気軽に指名なしで発言できるので、同じ子どもが続けて発言したり、発言する子どもの数もぐっと増えたりします。

よく発言する子どもに発言が限定されないようにする

しかし、この方法はよく発言する子どもに発言が限定されがちになるので、教師は**「もっとたくさんの子の考えを聞かせてほしいな」と他の子どもに発言を促す**ようにします。また、いろいろな発言がたくさん出てくるので、**子どもの発言を教師が板書して整理する**ことも大切になります。

指名なし発言で授業をテンポよく進める

よく発言する子どもに発言が限定されないようにする

授業術7
話し合いで核心に迫る

いろいろな形態の話し合いをさせる

話し合いで「思考力」「判断力」「表現力」を育てる

授業では、話し合いが欠かせません。それは、**課題について一人ひとりの子どもが自分の考えを出し合いながら正答に近づいていったり、自分では思いつかないような考えがあることに気づいたりすることができる**からです。話し合いは、子どもたちの思考力・判断力・表現力を育てます。

さまざまな形態を用いて多様な話し合いを行う

話し合いには、いろいろな形態の話し合いがあります。これらを組み合わせて行うとよいでしょう。

①二人一組での話し合い
隣の席の子と自分の考えを交流させるための話し合い。話し合いによって、自分の考えに自信をもつことができたり、考え直すことができたりする。

②四人グループでの話し合い
グループの四人でそれぞれの考えを交流し合うので、いろいろな考えに触れることができる。四人の考えを交流するだけではなく、グループとしての考えを導き出す話し合いも行う。この場合には、理由や根拠を挙げて発言するので、豊かな話し合いになる。

③学級全体での話し合い
学級全体による話し合いは、学級全体で意見交流ができ、たくさんの考えに触れることができる。したがって、できる限りたくさんの子どもに発言させるように心がける。

二人一組での話し合い

四人グループでの話し合い

学級全体での話し合い

話し合い

授業術7
話し合いで核心に迫る

グループと学級全体の話し合いを組み合わせる

学習グループでの話し合いの特徴と学級全体での話し合いの特徴

四人の学習グループでの話し合いは、誰でも気軽に発言でき、発言回数も増え、意見交流がしやすいという長所がありますが、その話し合いが学習グループ内に限られてしまうという短所があります。

一方、学級全体での話し合いは、学級全員で意見交流ができ、たくさんの考えに触れることができるという長所がありますが、誰でも気軽に発言できるわけではなく、発言人数や発言回数が少なくなるという短所があります。

学習グループの考えをぶつけ合う話し合いにする

これらの短所を克服するために、**学習グループでの話し合いと学級全体での話し合いを組み合わせて行う**ようにします。

例えば、「大造じいさんとガン」（光村図書『国語五』平成二十七年度版）のクライマックスを見つける学習場面では、まず、学習グループで話し合いを行ってクライマックスの箇所を決めます。次に、学習グループの考えをそれぞれ発表し合い、学級全体で話し合いを深めていくようにします。

それによって、はじめはＡ「残雪とハヤブサがはげしく戦っている」ところがクライマックスであるという考えであったのが、学習グループ同士の話し合いによって、Ｂ「『大造じいさんは、強く心を打たれて、ただの鳥に対しているような気がしませんでした。』」というところがクライマックスであるという考えに変わっていきます。学級全体での話し合いでは、**学習グループの考えをぶつけ合うようにする**と、話し合いが白熱し、より深いものになっていきます。

学習グループでの話し合いと学級全体での話し合いを組み合わせる

授業術7
話し合いで核心に迫る

話し合うテーマを焦点化して教える

課題を焦点化し、話し合わせる

45分間の授業の中で、話し合う課題がいくつもあったり、課題が大きすぎたりすると、限られた時間内で話し合いを深めることができなくなってしまいます。話し合いは、**「本時のねらい」を達成するうえで必要な課題に焦点化して行うこと**が大切です。焦点化した課題を解決するために子どもたちに働きかけるのが、主要な発問です。

話し合いに向いている課題

主要な発問についての話し合いは、次のような**話し合う価値がある課題**でなければなりません。

①**矛盾、対立、葛藤を生む課題**→子どもたちに「○○なのに、なぜ□□なのですか？」と問いかけ、考えさせる。例えば、「ごんぎつね」の最後の場面で、「くりを届けたのは神様だと兵十が思っているのに、なぜごんはその明くる日も、兵十の家にくりを届けたのですか？」という発問をする。

②**考えが二つに分裂する課題**→「Aですか？　それともBですか？」という選択を迫る課題を問いかけ、考えさせる。例えば、「ごんぎつね」の最後の場面で「ごんぎつねが届けた最後のくりも、やっぱりつぐないだったのですか？　それともつぐないではなかったのですか？」という発問をする。このように発問すれば、話し合いは深まる。

③**多様な考えを生む課題**→「よい点と悪い点の両方から考えてみましょう」「立場を変えて考えてみましょう」といろいろな視点から考えさせる。

話し合いに向いている課題

①矛盾、対立、葛藤を生む課題

②考えが二つに分裂する課題

③多様な考えを生む課題

授業術7
話し合いで核心に迫る

話し合いの「ねらい」を明確にする

話し合いには二種類ある

話し合いには、**一人ひとりの子どもの考えを交流することがねらいの話し合い**と、**正答に近づき結論に到達することがねらいの話し合い**があります。この二つをしっかり使い分けることが、とても大切です。

考えを交流するための話し合い

一つ目の話し合いは、**一人ひとりの子どもの考えを交流し合い、「そういう考えもあるのか」と新たな発見、気づきを引き出すための話し合い**です。例えば、「ごんぎつね」（光村図書『国語四下』平成二十七年度版）の導入部分に、ごんが「ひとりぼっち」ということが書かれています。これについて話し合うと、「親や兄弟がいなくて、ごんはさみしかった」「ごんは、誰か相手になってくれる人がほしかった」などと考えが出てきます。

一方で、「ごんは自由で気ままに行動できる」「ごんには、ひとりでも生きていけるたくましさがある」という考えも出てきます。考えを交流し合うことで、自分ひとりでは考えつかない考えに触れることができるのです。

正答に近づき結論に到達するための話し合い

もう一つの話し合いは、**一人ひとりの子どもの考えを深め、正答に近づくための話し合い**です。この話し合いは交流するための話し合いとはちがい、教師が予定していた結論に到達するためのものです。例えば、「ごんぎつね」で兵十のごんに対する気持ちの変化を見つける学習で、「ごん、おまいだったのか、いつも、くりをくれたのは。」という言葉に注目し、「ごん」「おまい」という呼び方から兵十がごんぎつねを人間のように思っているという結論に導きます。

考えを交流するための話し合い

正答に近づき結論に到達するための話し合い

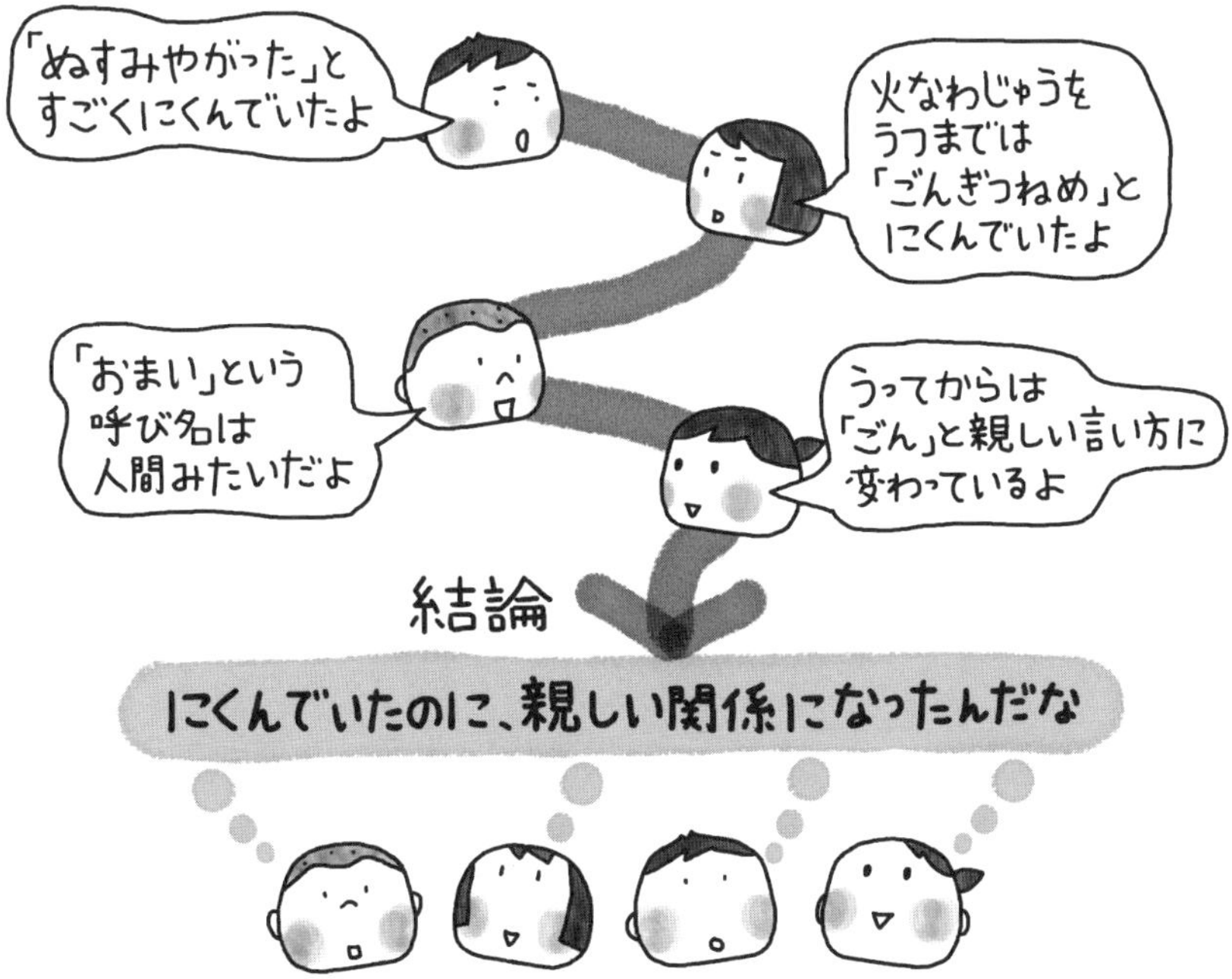

授業術7
話し合いで核心に迫る

意見が出やすく授業が盛り上がる話し合い指導のポイント

話し合いにならない原因を考える

授業の大半は、学級全体で話し合いながら進行していきます。それは、子どもたちの発言で授業を展開していきたいと願うからです。しかし、教師がいろいろと発問しても、一部の子どもしか挙手しなくて、なかなか多くの子どもたちから発言が出てこなくて困ってしまうことがあります。そのようなときには、原因を考えてみるとよいでしょう。

・発問の内容がむずかしくて、何を話せばよいのかわからない。
・学級全体の場で手を挙げて話すのが恥ずかしい。

簡潔な発問をして話しやすくする

発問の内容がむずかしい場合、範囲が広すぎる場合には、**発問を簡潔に明確に**します。例えば、「スイミー」（光村図書『こくご二上』平成二十七年度版）の学習では、「スイミーは暗い海の底でいせえびを見つけます。なぜ、おもしろくて、すばらしいのですか？」と発問します。すると、「ブルドーザーみたいに力強く動くから」「前や後ろに進むから」「動くときに砂けむりをあげるから」「動いたところに跡がつくから」などたくさんの考えが出てきます。

発言するのが恥ずかしい子には学習グループで話させる

発言するのが恥ずかしく、挙手しない子どもに対しては、**学習グループの中で話す機会をつくる**ようにします。そして、**学習グループで話した内容を学級全体の場でも発表させる**ようにします。学習グループの子どもに支えられているという気持ちになるので、話しやすくなります。

簡潔な発問をして話しやすくする

発言するのが恥ずかしい子には学習グループで話させる

授業術7
話し合いで核心に迫る

つながりのある話し合いにする

話し合いが必要な理由

話し合いが必要なのは、なぜでしょうか。それは、次のような長所があるからです。

・話し合いによって、さまざまな考えを交流させることができる。
・話し合いでお互いの考えを交流し合うことで、新たな考えが生まれてくる。
・話し合いによって、自分一人ではわからない子、できない子が大事にされ、自分の考えをもてるようになる（四人の学習グループでの話し合いの場合）。
・話し合いによって、すべての子どもに発言する機会を与え、発言を保障できる（四人の学習グループでの話し合いの場合）。

「同じです」「いいです」という言葉を言わせないようにする

話し合いで気をつけなければいけないことがあります。それは、**「わたしは、〜だと思います」という発言のあとに「同じです」「いいです」という言葉を言わせない**ことです。「同じです」「いいです」という言葉を聞き手の子どもが発すると、その時点で話題についての話し合いは終わってしまい、話し合いがつながりません。また、教師も「同じです」の言葉を聞いて、みんなが理解しているものと思ってしまいます。

同じような内容でも、子どもたち一人ひとりの発言の内容は微妙にちがっています。**「同じ内容でもいいので言ってごらんなさい」と子どもを励まし、どんどん話をさせる**ようにします。そして、**「二人の考えのちがいはどこですか？」「二人の考えの同じ点はどこですか？」と問いかけ、発言をさらにつなげていく**ようにします。

話し合いが必要な理由

「同じです」「いいです」という言葉を言わせないようにする

第3章

自信がもてる!

説明文・物語の読み方指導法

説明文の読み方指導の基本

説明文の段落を意識して読ませる

段落番号をつけて段落を意識させる

説明文を読んでいくときは、始まりの文から終わりの文までなんとなく読むのではなく、**段落を意識させながら読む**ことが大切です。段落とは、いくつかの文が集まってできたひとまとまりのことです。筆者の言いたいことが一つのまとまりとして書かれているので、段落を意識して読ませることが大切なのです。そこで子どもたちには、**まず最初に説明文に①②③……というように段落番号をつけさせます。**そして、いくつの段落で構成されているかを確認させます。

段落のまとまりがもつ役割を理解させる

一つの説明文は、たくさんの段落で構成されていますが、段落によってその働きがちがいます。

- 「前書き」の段落……………何について書いてあるか読者に話題を示す段落
- 「問い」の段落………………「〜でしょうか」「〜でしょう」と問題を出している段落
- 「答え」（事例の説明）の段落……「問い」に対する答えが書いてある段落（具体的な例や、事実がわかりやすく書いてある段落）
- 「まとめ」の段落……………「問い」に対する全体の内容のしめくくりが書いてある段落（「このように〜」という言い方でまとめられている段落）、筆者の考えなども書かれていることがよくある

なお、説明文には、まとめが最後にある「**尾括型**」、まとめが最初にある「**頭括型**」、まとめが最後と最初の両方にある「**双括型**」の三つのタイプがあります。

段落番号をつけて段落を意識させる

段落のまとまりがもつ役割を理解させる

説明文の読み方指導の基本

説明文の文章構成を読ませる

「はじめ」「なか」「おわり」に分けさせる

説明文の文章構成は、基本的には「**はじめ**」——「**なか**」——「**おわり**」の三部構成です。「はじめ」は、話題を示す前書きの段落や「問い」の段落です。「なか」は、具体的な事例を挙げて説明している「答え」の段落です。「おわり」は、全体の内容のまとめが書いてある段落です。

説明文に番号をつけた段落が、「はじめ」——「なか」——「おわり」のどこに相当するのかを考えさせます。

「いろいろな　ふね」（東京書籍『あたらしい こくご一下』平成二十七年度版）を例にして考えてみます。

①ふねには、いろいろな　ものが　あります。
②きゃくせんは、たくさんの　人を　はこぶ　ための　ふねです。
③この　ふねの　中には、きゃくしつや　しょくどうが　あります。
④人は、きゃくしつで　やすんだり、しょくどうで　しょくじを　したり　します。
⑤フェリーボートは、たくさんの　人と　じどう車を　いっしょに　はこぶ　ための　ふねです。
⑥この　ふねの　中には、きゃくしつや　車を　とめて　おく　ところが　あります。
⑦人は、車を　ふねに　入れてから、きゃくしつで　やすみます。
⑧ぎょせんは、さかなを　とる　ための　ふねです。
⑨この　ふねは、さかなの　むれを　見つける　きかいや、あみを　つんで　います。
⑩見つけた　さかなを　あみで　とります。

「はじめ」「なか」「おわり」に分けさせる

⑪しょうぼうていは、ふねの　火じを　けす　ための　ふねです。
⑫この　ふねは、ポンプや　ホースを　つんで　います。
⑬火じが　あると、水や　くすりを　かけて、火を　けします。
⑭いろいろな　ふねが、それぞれの　やく目に　あうように　つくられて　います。

（①〜⑭は段落番号です。教科書の原文にはありません。）

「はじめ」は、船について書いてあることを読者に示している①段落です。この説明文には、「〜でしょうか」「〜でしょう」という問いを出している段落はありません。

「なか」は、具体的な船の種類とそれぞれの役目や構造・設備について説明している②〜⑬までの段落です。

「おわり」は、船についての全体的なしめくくりが書いてある⑭段落です。

「なか」を内容のまとまりごとに分けさせる

「なか」の内容には、同じ内容について説明されている段落があります。これを**意味段落**といいます。先の例では、四つの船について役目と構造・設備のことがそれぞれ書かれています。そこで、「なか」を四つの船のまとまりに分けさせます。すなわち、②〜④段落は「きゃくせん」のことが書いてあるので「なか1」、⑤〜⑦は「フェリーボート」のことが書いてあるので「なか2」、⑧〜⑩は「ぎょせん」のことが書いてあるので「なか3」、⑪〜⑬は「しょうぼうてい」のことが書いてあるので「なか4」とまとまりごとに分けさせます。

内容のまとまりに小見出しをつけさせる

「なか」に書かれていることを内容のまとまりごとに分けたら、小見出しをつけさせます。**小見出しをつけさせることで、どんな内容のまとまりかが鮮明になる**からです。小見出しはできるだけ短く、一つの単語でつけさせるようにします。先の例では、「きゃくせん」「フェリーボート」「ぎょせん」「しょうぼうてい」となります。

「なか」を内容のまとまりごとに分けて小見出しをつけさせる

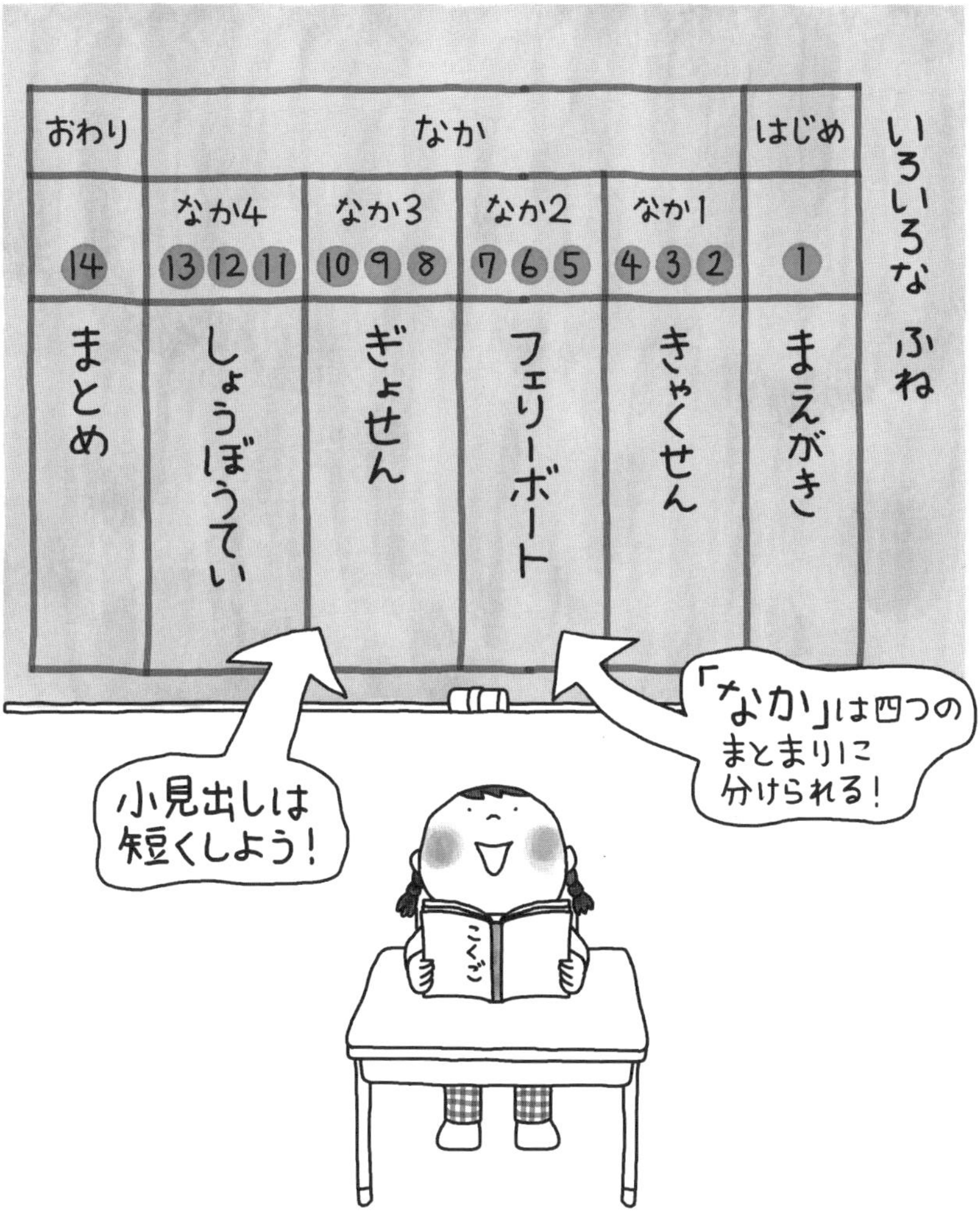

説明文の
読み方指導の
基本

段落と段落の関係を読ませる

中心になる段落（柱の段落）を見つけさせる

同じ内容について説明されている段落（意味段落）がある場合、それらの段落の中には、**まとめて説明しているいちばん中心になる段落（柱の段落）**があります。これを見つけさせるようにします。これを読めば、意味段落に何が書いてあるかをすばやくつかんだり、短くまとめたりすることができるからです。

例えば、「いろいろな　ふね」では、②〜④段落（「なか1」）は「きゃくせん」のことについて説明していますが、各段落で同じことを説明しているわけではありません。②段落では「きゃくせん」の役目について説明し、③段落では、「きゃくしつや　しょくどう」があることを説明し、④段落では「きゃくしつや　しょくどう」がどのような働きをしているかを説明しています。つまり、②段落で「きゃくせん」の役目をまとめて説明し、③④段落で「きゃくせん」の構造・設備について詳しく説明しています。②段落が中心になる段落（柱の段落）だとわかれば、「なか1」は「きゃくせん」の役目のことが説明されているんだなと、すぐ内容をつかむことができます。

中心になる段落（柱の段落）とその他の段落の関係を読ませる

中心になる段落（柱の段落）を見つけることは、**段落と段落の関係がどのようになっているかを明らかにする**ことになります。「いろいろな　ふね」の「なか2」では⑤段落、「なか3」では⑧段落、「なか4」では⑪段落が中心になる段落（柱の段落）になります。

「なか1」「なか2」「なか3」「なか4」を見てみると、中心になる段落は、意味段落の最初にあることがわかります。このように、中心になる段落（柱の段落）の位置についてもつかませるようにします。

中心になる段落（柱の段落）を見つけさせる

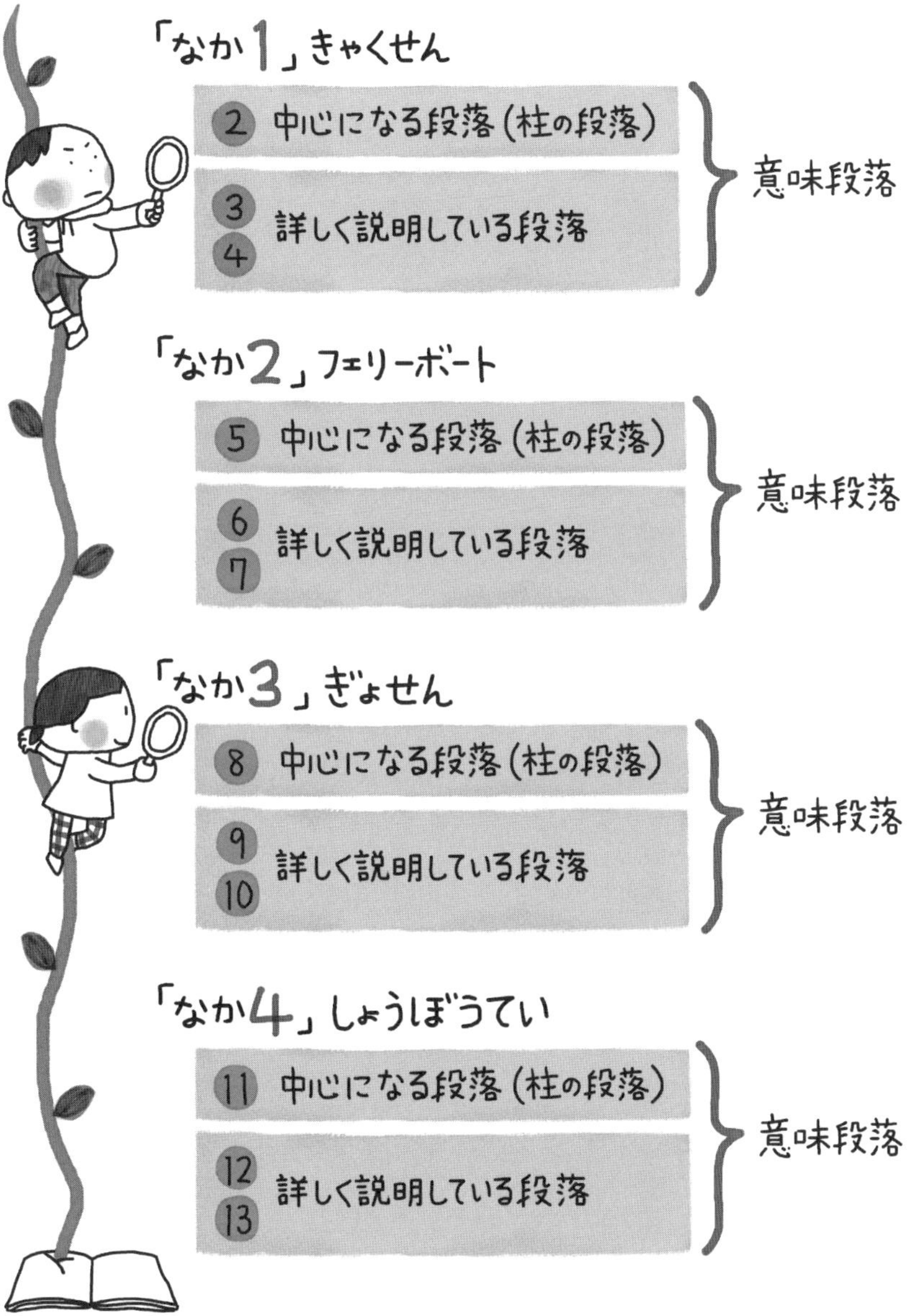

説明文の
読み方指導の
基本

文と文の関係を読ませる

中心になる文（柱の文）を見つけさせる

ふつう、段落はいくつかの文が集まってできています。**段落に何が書いてあるかをすばやくつかんだり、短くまとめたりするときは、その段落の中でいちばん中心になる文（柱の文）を見つけさせる**ようにします。

「すがたをかえる大豆」（光村図書『国語三下』平成二十七年度版）を例にして考えてみます。①段落と②段落は「はじめ」の部分で、大豆に「いろいろ手をくわえて、おいしく食べるくふうをしてきました。」と話題を示しています。これを受けて、③段落では大豆をおいしく食べるくふうが次のように説明されています。

> いちばん分かりやすいのは、大豆をその形のままいったり、にたりして、やわらかく、おいしくするくふうです。いると、豆まきに使う豆になります。水につけてやわらかくしてからにると、に豆になります。正月のおせちりょうりに使われる黒豆も、に豆の一つです。に豆には、黒、茶、白など、いろいろな色の大豆が使われます。

まず、③段落はいくつの文でできているかを調べさせます。一文一文に番号をつけて数えると、五つの文でできていることがわかります。

次に、その中でまとめて説明している文（中心になる文）はどれかを考えさせます。その際、**中心になる文（柱の文）とその他の文との関係を考えさせる**ようにします。一文目は大豆をいったりにたりするとおいしくなると、まとめている文です。二文目は、一文目の「いったり」の詳しい説明、三文目と四文目と五文目は、一文目の「にたりして」の詳しい説明になっています。したがって、一文目が中心になる文（柱の文）です。

中心になる文（柱の文）を見つけさせる

一文目　中心になる文（柱の文）

「いちばん分かりやすいのは、大豆をその形のまま
いったり、にたりして、やわらかく、
おいしくするくふうです。」

二文目　一文目の「いったり」を詳しく説明している文

「いると、豆まきに使う豆になります。」

三、四、五文目　一文目の「にたりして」を詳しく説明している文

「水につけてやわらかくしてからにると、
に豆になります。」

「正月のおせちりょうりに使われる黒豆も、
に豆の一つです。」

「に豆には、黒、茶、白など、
いろいろな色の大豆が使われます。」

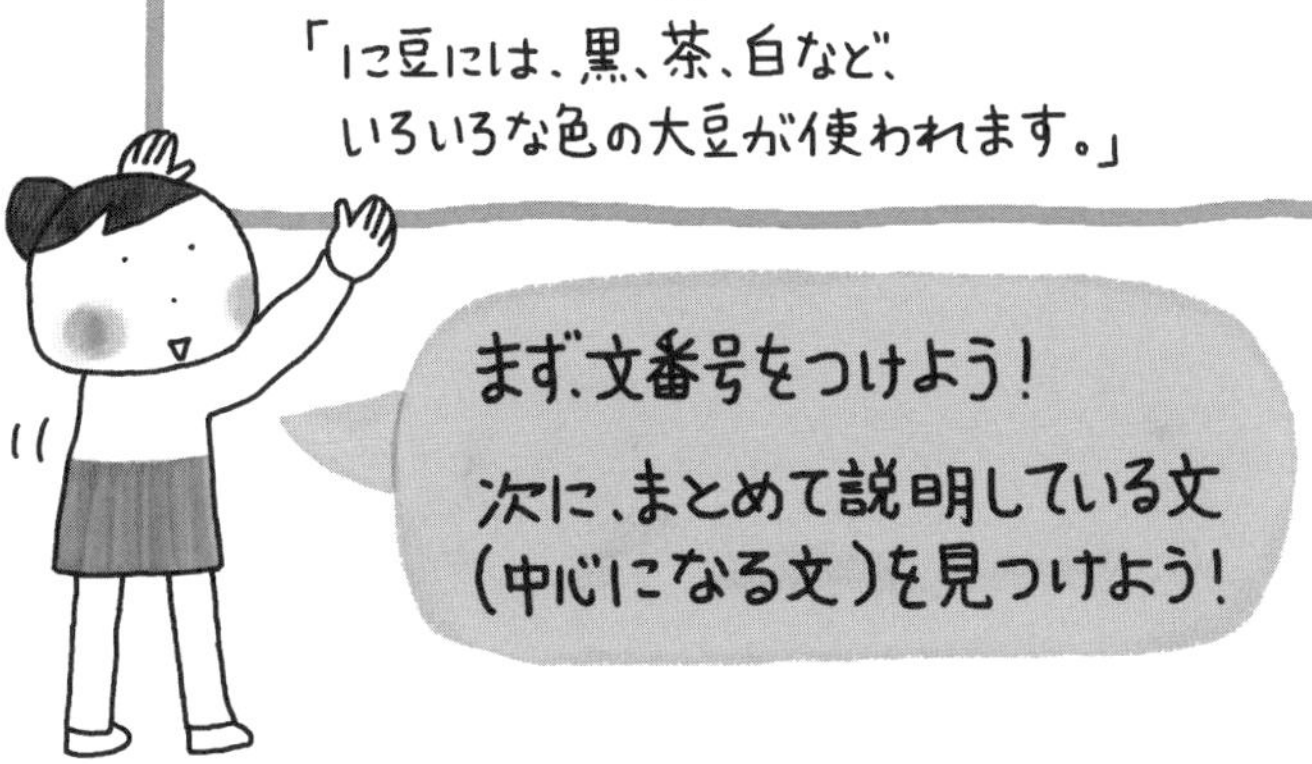
まず、文番号をつけよう！
次に、まとめて説明している文
（中心になる文）を見つけよう！

説明文の読み方指導の基本

要約文を書かせる

要点を短くまとめさせる

要点とは、段落の中で筆者が述べようとしている主要な内容のことです。要点をまとめるためには、まず段落を構成するそれぞれの文の役割をとらえて、その中から中心になる文（柱の文）を見つけます。多くの場合、中心になる文（柱の文）は、まとめの文になります。したがって、**中心になる文（柱の文）を短くまとめれば、それがその段落の要点**になります。

「すがたをかえる大豆」（光村図書『国語三下』平成二十七年度版）の③段落でいえば、「大豆をその形のままいったり、にたりして、やわらかく、おいしくするくふう」が要点となります。「いろいろな　ふね」（東京書籍『あたらしいこくご一下』平成二十七年度版）の例でいえば、一つの文で一つの段落を構成しているので、②⑤⑧⑪段落が要点をまとめる段落となります。すなわち、「たくさんの人をはこぶきゃくせん」「たくさんの人とじどう車をいっしょにはこぶフェリーボート」「さかなをとるぎょせん」「ふねの火じをけすしょうぼうてい」となります。

要点と要点をつないで要約文をつくらせる

要約文とは、白石範孝氏が『国語授業を変える「用語」』（文溪堂）で述べているように、**段落の要点を段落相互の関連を考えてつないだもの**です。例えば、「いろいろな　ふね」では、次のような要約文になります。

ふねには、いろいろなものがある。たくさんの人をはこぶきゃくせん、たくさんの人とじどう車をいっしょにはこぶフェリーボート、さかなをとるぎょせん、ふねの火じをけすしょうぼうていである。これらのふねは、それぞれのやく目にあうようにつくられている。

要点を短くまとめさせる

「いろいろな　ふね」の「なか」の要点

2 段落――たくさんの人をはこぶきゃくせん

5 段落――たくさんの人と じどう車をいっしょにはこぶフェリーボート

8 段落――さかなをとるぎょせん

11 段落――ふねの火じをけす しょうぼうてい

要点と要点をつないで要約文をつくらせる

「はじめ」「なか」「おわり」の要点をつなぐと、要約文ができるな

「はじめ」の要点　ふねには、いろいろなものがある。

＋

「なか」の要点　たくさんの人をはこぶきゃくせん、たくさんの人と じどう車をいっしょにはこぶフェリーボート、さかなをとるぎょせん、ふねの火じをけす しょうぼうていである。

＋

「おわり」の要点　これらのふねは、それぞれのやく目にあうようにつくられている。

説明文の
読み方指導の
基本

説明文を吟味させる

筆者の説明の仕方の工夫を読ませる

説明文を吟味するとは、**読み取った文章への評価や批評を行う**ことです。説明文は、ある事柄についてよくわかっている筆者が、読者にわかりやすく説明しようとするものです。ですから、できるだけわかりやすく興味深くしようとしてさまざまな説明の仕方や用語、図表、グラフ、写真、挿絵などを工夫して述べています。

そこで、**筆者の述べ方の工夫を見つけて批評文を書かせる**ようにします。観点は、次のようになります。

・読者が読みたくなるような興味や関心を引く工夫　・わかりやすい段落構成の工夫　・身近なこと、知っていることから説明を始める工夫　・興味や関心を引く用語の工夫　・図表、グラフ、写真、挿絵の工夫

例えば、「いろいろな　ふね」では、子どもたちがよく知っている「きゃくせん」から説明を始めています。「フェリーボート」→「ぎょせん」→「しょうぼうてい」の順に、子どもたちにとっては馴染みのないものになっています。また、それぞれの船の写真も載せ、わかりやすいように工夫しています。

「すがたをかえる大豆」では、「豆まきに使う豆」「に豆」→「きなこ」→「とうふ」→「なっとう」「みそ」「しょうゆ」という順に述べていて、大豆だとわかるものからわからないものの順に説明しています。さらに、この順番は加工食品をつくるのに時間や手間がかからないものからかかるものへとなっています。批評文の一例を紹介します。

説明文に、「一つ目は」「二つ目は」ではなく、「次に」「また」「さらに」を使っている理由がわかりました。簡単なものから時間や手間がかかるものへの順で説明してあるからです。くふうして書いてあると思います。

筆者の説明の仕方の工夫を読ませる

「すがたをかえる大豆」

読みたくなるような
興味や関心を引く工夫

↓

「多くの人がほとんど毎日
口にしているものがあります。
なんだか分かりますか。」と
関心を引いている。

身近なこと、
知っていることから
説明を始める工夫

↓

豆まきの豆、に豆から
説明を始めている。

わかりやすい図表、グラフ、
写真、挿絵の工夫

↓

説明する食品の写真を
載せている。「とうふ」は
三枚の写真で作り方を
説明している。

わかりやすい
段落構成の工夫

↓

一つの段落に一つの工夫が
書いてある。
「次に」「また」「さらに」と
接続語を使っている。

興味や関心を引く
用語の工夫

↓

「すがたをかえる」という
用語を使っている。

物語の読み方指導の基本

物語の場面を意識して読ませる

「時」「場」「人物」を表す言葉の一つでも変化すると、場面が変わることを理解させる

物語は、いくつかの場面がつながって進んでいきます。一つひとつの場面は、**「時を表す言葉」「場を表す言葉」「人物を表す言葉」**で書かれており、小さなストーリーとしてまとまっています。この**三つの要素のうち、一つでも変化すると場面が変わります。**紙芝居にあてはめて考えてみると、よくわかります。「時」がたてば場面が変わります。「場所」が変わっても場面が変わります。また、「人物」の状況が変わっても場面は変わります。

場面を意識しながら読ませて、物語のあらすじをとらえさせる

授業で場面分けをするのは、物語の場面というまとまりを意識しながら読み、物語の大きな流れ（あらすじ）をとらえるためです。例えば、「モチモチの木」（光村図書『国語三下』平成二十七年度版）は、次のようなお話です。

①豆太はおくびょうで、五つになっても一人でせっちんに行けない。
②豆太はモチモチの木の下に立って昼間はかた足で足ぶみして、いばっているくせに、夜になるとモチモチの木がおこって両手で「お化けぇ。」っておどかすのを見ただけで、しょんべんが出なくなってしまう。
③霜月二十日のばんは、モチモチの木に灯がともることを豆太はじさまから聞く。
④豆太はじさまが腹をいたがるのを見て、真夜中なのにねまきのまんま、はだしで半道もあるふもとの村まででなきなき走って、医者様を呼びにいく。医者様のねんねこばんてんの中でモチモチの木の灯を見る。
⑤豆太はじさまから「おまえは勇気のある子どもだったんだ」「弱虫でもやさしさがあればよい」と聞く。

このお話は、①〜⑤の五つの場面でできているというとらえ方をすればよいのです。

場面を意識しながら読ませて、物語のあらすじをとらえさせる

物語の読み方指導の基本

物語の文章構成を読ませる

物語の基本構成は四部構成であることを理解させる

物語を場面に分けることができたら、次はそれぞれの場面がどのような文章構成に位置づけられるかを考えさせます。物語は作品によって構成がちがいますが、基本的な構成は、**「導入部（前ばなし）」**――**「出来事（事件）の展開部」**――**「出来事（事件）の山場の部」**――**「終結部（後ばなし）」**の四部構成です。ただし、小学校の教材文には、終結部のない三部構成のものがたくさんあります。「出来事（事件）の山場の部」には、あることがいちばん大きく変わったり、出来事（事件）が解決したりする箇所があります。ここを**クライマックス**といいます。例えば、「モチモチの木」（光村図書『国語三下』平成二十七年度版）のお話では、第1場面、第2場面が「導入部（前ばなし）」、第3場面が「出来事（事件）の展開部」、第4場面が「出来事（事件）の山場の部」、第5場面が「終結部（後ばなし）」になります。そして、あることがいちばん大きく変わる箇所は「モチモチの木に、灯がついている。」で、ここがクライマックスになります。それは、おくびょうだった豆太が、じさまのために真夜中に医者様を呼びにいき、勇気を出した証しにモチモチの木の灯を見ることができたからです。

文章構成を考えさせる

場面の文章構成を考えさせるときには、まず出来事（事件）が始まる「出来事の展開部」を考えさせます。「モチモチの木」では、第3場面で勇気のある子だけがモチモチの木の灯を見ることができることを豆太は知ります。ここから、モチモチの木の灯を見るまでの出来事（事件）が展開していくのです。次に、「出来事の山場の部」を考えさせます。その際、クライマックスを手がかりにすると見つけやすくなります。この二つの部が見つかれば、あとは簡単です。「展開部」の前が「導入部（前ばなし）」、「山場の部」のあとが「終結部（後ばなし）」になります。

物語の基本構成は四部構成

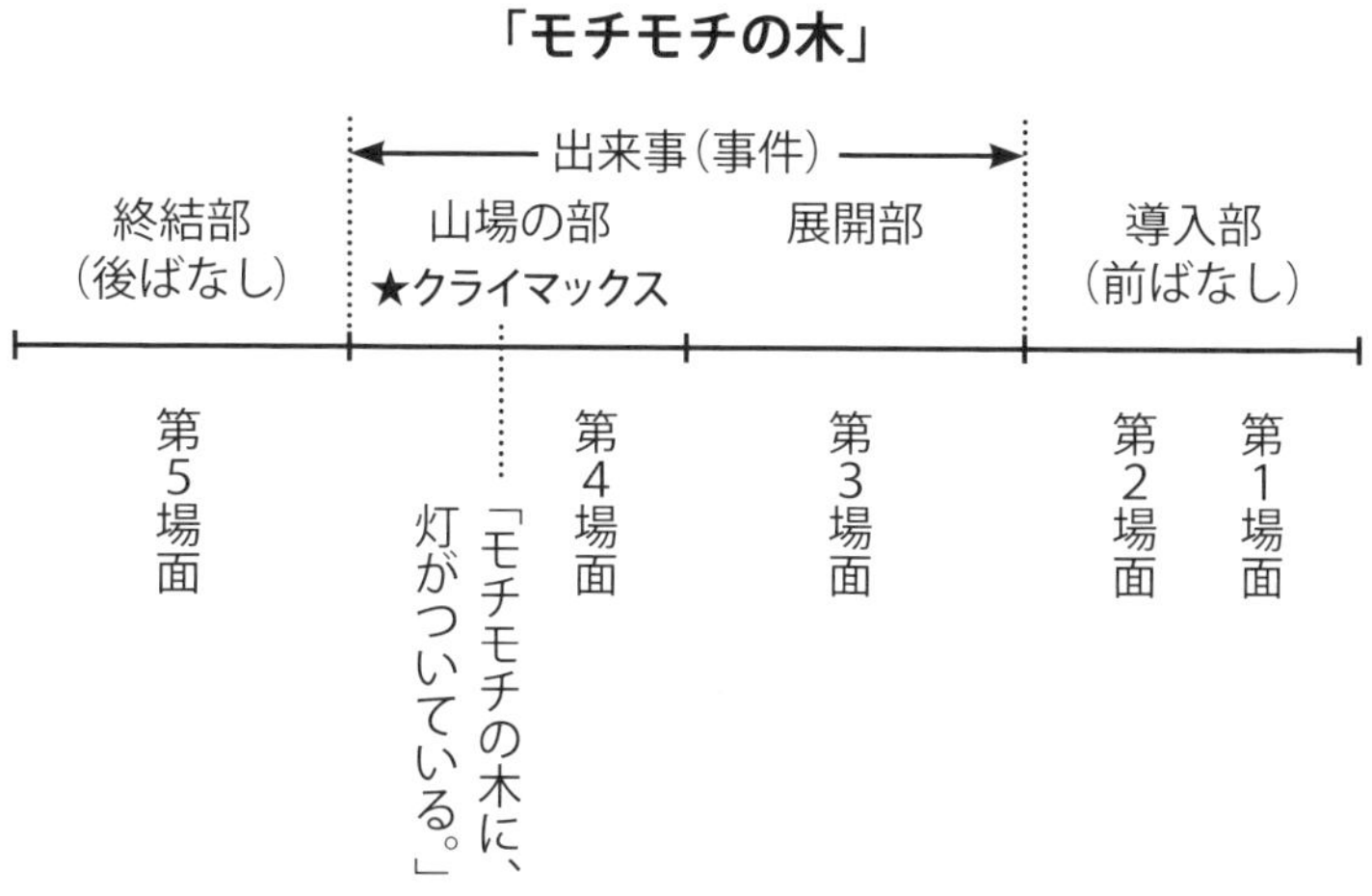

文章構成を考えさせる

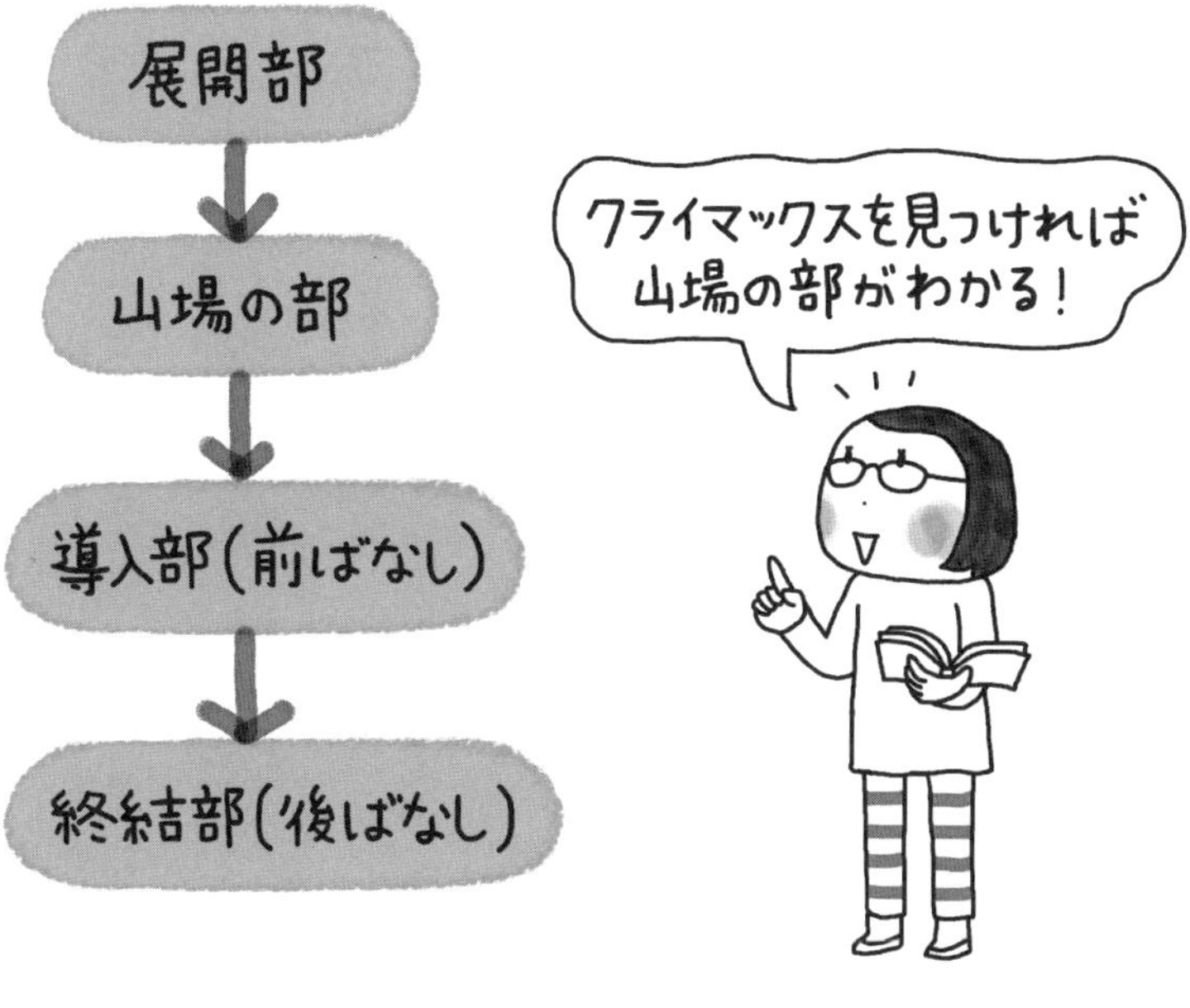

物語の
読み方指導の
基本

物語を詳しく読ませる

中心人物の変容が読み取れる箇所に、焦点を当てさせる

物語を詳しく読むというと、「前ばなし」から順番に詳しく読んでいくと思いがちですが、そうではありません。**物語の登場人物のなかの中心人物（主人公）がクライマックスに向かって、どのように変容していくのかを読んでいく**のです。子どもたちには中心人物の変容が読み取れる箇所に、自分の力で線を引かせるようにします。線引きの箇所は、言葉、文などさまざまです。

例えば、「大造じいさんとガン」（光村図書『国語五』平成二十七年度版）では、クライマックスである「大造じいさんは、強く心を打たれて、ただの鳥に対しているような気がしませんでした。」に向かって、大造じいさんの残雪に対する見方が変容していきます。すなわち、残雪のことを「たかが鳥」と思っていたのが、「たいしたちえをもっているものだな」→「『ううん。』と、うなってしまいました。」→「が、なんと思ったか、再びじゅうを下ろしてしまいました。」→「強く心を打たれて、ただの鳥に対しているような気がしませんでした。」と残雪に対する見方が変容しています。このように**中心人物の変容が読み取れる箇所に線を引かせ、焦点を当てて、詳しくていねいに読んでいく**ようにさせるのです。

中心人物の変容を読み取る指標

中心人物の変容を読み取る際には、**①人物相互の関係性の変化、②中心人物（主人公）の見方の変化、③中心人物（主人公）の言動の変化**をものさしにして読み取っていきます。「大造じいさんとガン」でいえば、「中心人物の見方の変化」という視点で読み取っていけばよいのです。

中心人物の変容が読み取れる箇所に、焦点を当てさせる

「大造じいさんとガン」

たかが鳥
←
たいしたちえをもって
いるものだな
←
「ううん。」と、うなって
しまいました。
←
が、なんと思ったか、再び
じゅうを下ろしてしまいました。
←
強く心を打たれて、ただの鳥に
対しているような気が
しませんでした。

「中心人物の見方の変化」
という視点で読み取ら
せればいいんだな

物語の読み方指導の基本

物語の主題を読ませる

クライマックス前後を中心に、中心人物の変容を読ませる

物語の主題とは、**作者が作品で伝えようとする中心的な内容や考え**のことです。主題は、「出来事（事件）の山場の部」「終結部（後ばなし）」に凝縮して書かれているのが一般的で、特にクライマックス前後に豊かに表現されています。したがって、**主題を読み取らせるときには、クライマックス前後を中心にしながら中心人物の変容を読み取らせる**ようにします。

例えば、「大造じいさんとガン」（光村図書『国語五』平成二十七年度版）では、物語全体を通して、大造じいさんには残雪をやっつけたいという思いがありますが、残雪にことごとく計略を見破られた戦いを通して、残雪に対する見方が少しずつ変容していきます。とくに大きく変容するのが、残雪をしとめる最大のチャンスに銃を下ろす箇所です。このあと、大造じいさんを正面からにらみつける残雪、もうじたばたさわがない残雪を見て、「ただの鳥に対しているような気がしませんでした。」（クライマックス）と思い、さらに残雪に対する見方が大きく変容します。すなわち、「おとりのガンを救うために戦いに挑んでいく姿」「最期の力をふりしぼってにらみつける姿」「じたばたさわがない姿」を見て、大造じいさんはひきょうなやり方で残雪をやっつけたくないという思いにはっきり変容していくのです。このことを読み取らせるようにします。

「終結部（後ばなし）」からも主題を読ませる

物語の主題は、**「終結部（後ばなし）」にまとめられている**ことがよくあります。「大造じいさんとガン」では、「ガンの英雄《ゆう》よ。おまえみたいなえらぶつを、おれは、ひきょうなやり方でやっつけたかあないぞ。」「おれたちは、また堂々と戦おうじゃあないか。」にそれが表現されています。残雪の知力、勇気、威厳に対する驚きや感動が主題といえます。

クライマックス前後を中心に、中心人物の変容を読ませる

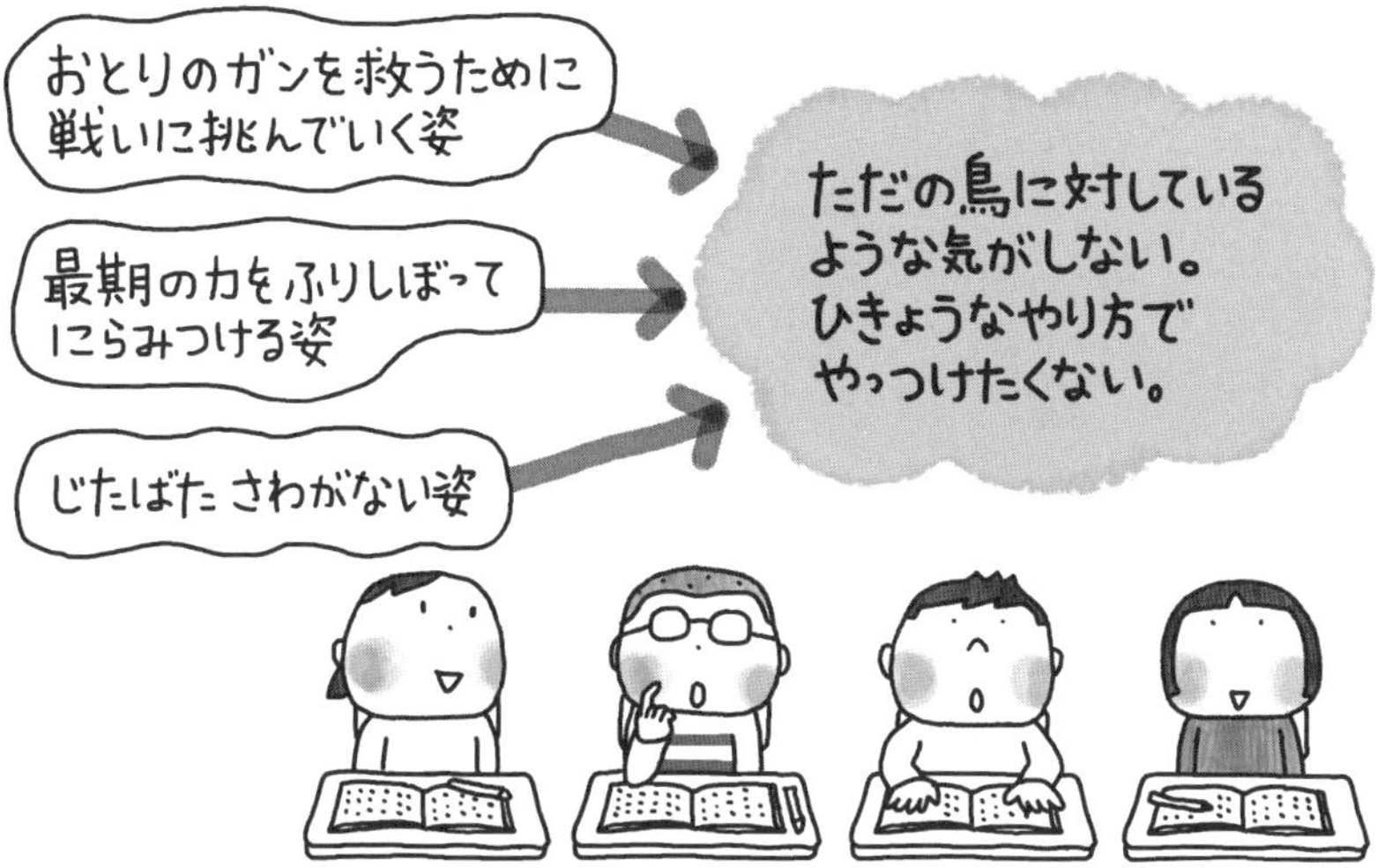

「終結部（後ばなし）」からも主題を読ませる

物語の読み方指導の基本

物語を吟味させる

再読して、おもしろさを発見させる

物語を吟味するとは、**作品への評価や批評を行う**ことです。物語を詳しく読み、主題を読み取ったあとに、子ども一人ひとりの思いを「感想」という形で文章化させることがよくあります。これを生かしながら、作品を再読し、物語のおもしろさに焦点を当てて批評文を書かせるようにします。観点は、次のようです。

・物語の展開のおもしろさ　・物語の結末のおもしろさ　・視点の変化のおもしろさ　・心情表現や情景表現のおもしろさ　・しかけ（伏線）のおもしろさ　・表現技法のおもしろさ

例えば、「モチモチの木」（光村図書『国語三下』平成二十七年度版）では、しかけのおもしろさが読めます。夜のモチモチの木が豆太にとってこわいものであるという、豆太とモチモチの木の関係が設定されています。「出来事の展開部」では霜月二十日の夜はモチモチの木に灯がともり、勇気のある一人の子どもしか見ることができないことを豆太は知ります。その夜にじさまは急病になり、豆太の前に試練が訪れます。じさまを助けなければという豆太の一心が、モチモチの木のこわさ、真夜中のこわさを超えて、寒さや痛さや道程の遠さを超えて、豆太の内面に勇気を生み出します。そして、勇気を出した証しとしてモチモチの木に灯がともります。このように、モチモチの木に灯がともることに向かって、次々としかけられています。このしかけのおもしろさを批評文として書かせるようにするのです。

批評文を書かせて、友だちと交流させる

批評文を書かせる際には、**「ここがおもしろいと思います。その理由は……」という形式で書かせる**ようにします。そして、書いたものを友だち同士で交流し合うようにさせます。

再読して、おもしろさを発見させる

批評文を書かせて、友だちと交流させる

第 4 章

読みの力がつく！

定番教材の読み方指導例

説明文「おにごっこ」（光村図書『こくご二下』平成27年度版）
説明文「すがたをかえる大豆」（光村図書『国語三下』平成27年度版）
物　語「ごんぎつね」（光村図書『国語四下』平成27年度版）
物　語「大造じいさんとガン」（光村図書『国語五』平成27年度版）

説明文「おにごっこ」の教材研究と授業案

「おにごっこ」の文章構成を読む

説明文「おにごっこ」（光村図書『こくご二下』平成二十七年度版）は、**「はじめ」――「なか」――「おわり」の三部構成で、全部で六つの段落**があります。「なか」の具体例は、**「あそび方」と「そのようにあそぶわけ」がセットで説明され、そのセットの繰り返しで説明が進んでいく**ようになっています。

「はじめ」は、①段落で、「どんなあそび方があるのでしょう。」「なぜ、そのようなあそび方をするのでしょう。」と**二つの問い**があります。この二つの問いは別々のものではなく、**「あそび方」と「そのようにあそぶわけ」としてセットで提示**されています。

「なか」は、おにごっこの「あそび方」と「そのようにあそぶわけ」がセットで書いてある②～⑤段落です。この「なか」を内容のまとまりごとにおにごっこの「あそび方」という観点で分け、小見出しをつけると、次のようになります。

「なか1」……②段落　・あそび方1（にげてはいけないところをきめる）　・わけ

「なか2」……③段落　・あそび方2（にげる人だけが入れるところを作ったり、つかまらないときをきめたりする）　・わけ

「なか3」……④段落　・あそび方3（「おにが交代《たい》せずに、つかまった人が、みんなおにになっておいかける。」）　・わけ

⑤段落　・つけ足したあそび方（「おにになった人は、みんな手をつないでおいかける。」）　・わけ

④段落は、つかまった人がみんなおにになるあそび方とそのわけを説明しています。これに対して、⑤段落は、**「ところが」という接続語でこのあそび方の問題点を説明**しています。そして、おにになった人が手をつないでにげる人をおいかけるあそび方なら、すぐにおにごっこがおわらないと説明しています。「つかまった人が、みんなおにになっておいかけるあそび方」という観点で考えると、④段落と⑤段落は同じあそび方だといえます。したがって、④⑤段落は「なか3」となります。

「おわり」は、⑥段落で**「このように」という接続語で文章全体をまとめています**。「あそび方」と「そのようにあそぶわけ」を短くまとめるだけでなく、「あそびおわったときに、だれもが『楽しかった。』と思えるようなおにごっこができるといいですね。」と**筆者の願い**も述べています。

中心になる文（柱の文）を見つける

「おにごっこ」は**問いが二つ**あるので、「なか」の各段落にあるいくつかの文の中から**二つの問いかけにまとめて答えている文を一つずつ見つける**ようにします。中心になる文（柱の文）とは、具体的に説明している文の中でもまとめて説明している文のことです。

②段落は、四つの文からできています。一文目の「あそび方の一つに、『てつぼうよりむこうににげてはだめ。』など、にげてはいけないところをきめるものがあります。」が、一つ目の問い「どんなあそび方があるのでしょう。」の中心になる文（柱の文）です。二文目から四文目までは、二つ目の問い「なぜ、そのようなあそび方をするのでしょう。」の説明になっています。中心になる文（柱の文）は、四文目の「にげてはいけないところをきめることで、おには、にげる人をつかまえやすくなります。」です。

③段落は、四つの文からできています。一つ目の問いの中心になる文（柱の文）は、一文目の「また、『じめんにかいた丸の中にいれば、つかまらない。』『木にさわっていれば、つかまらない。』のように、にげる人だけが入れるところを作ったり、つかまらないときをきめたりするあそび方もあります。」です。二つ目の問いの中心になる文（柱の文）

は、三文目の「このようにきめることで、にげる人がかんたんにはつかまらないようになります。」です。二文目と四文目は、三文目を詳しく説明した文になっています。

④段落は、四つの文からできています。一つ目の問いの中心になる文（柱の文）は、一文目の「ほかに、『おにが交代《たい》せずに、つかまった人が、みんなおにになっておいかける。』というあそび方もあります。」です。二つ目の問いの中心になる文（柱の文）は、二文目の「このあそび方だと、おにの数がふえていくので、おには、にげる人をつかまえやすくなります。」です。三文目と四文目は、二文目の詳しい説明になっています。

⑤段落は、七つの文からできています。一つ目の問いの中心になる文（柱の文）は、三文目の『おにになった人は、みんな手をつないでおいかける。』ときめるのです。」です。二つ目の問いの中心になる文（柱の文）は、二文目の「そこで、おにがふえても、にげる人をつかまえにくくすることがあります。」です。

要点をまとめる

要点をまとめるためには、中心になる文（柱の文）に着目します。多くの場合、中心になる文（柱の文）は、まとめの文になっているので、それを短くまとめれば、それがその段落の要点となります。「おにごっこ」の各段落の要点は次のようになります。

①段落……おにごっこのあそび方とそのわけ
②段落……にげてはいけないところをきめるあそび方。おにがにげる人をつかまえやすくなるから。
③段落……つかまらないところときまりをきめるあそび方。すぐにつかまらずに、あそぶことができるから。
④段落……つかまった人が、みんなおにになるあそび方。おにがにげる人をつかまえやすくなるから。
⑤段落……おにがみんな、手をつないでおいかけるあそび方。にげる人が、つかまりにくくなるから。
⑥段落……さまざまなあそび方があるおにごっこ。おにもにげる人も楽しめるようにくふうされてきたから。

筆者の説明の仕方の工夫を読む

「おにごっこ」は、読者がわかりやすいようにいろいろと説明の仕方を工夫しています。次のような工夫があります。

・「なか1」〜「なか3」のそれぞれ一文目が、一つ目の問い「どんなあそび方があるのでしょう」の中心になる文（柱の文）になっていて、要点がつかみやすくなっています。
・「なか1」〜「なか3」の一文目のはじめに、「あそび方の一つに」「また」「ほかに」という言葉を置き、説明内容がいくつあるのかわかるようにしています。
・「なか1」〜「なか3」の説明内容をわかりやすくするために、それぞれのあそび方の絵が載っています。
・「あそび方」と「そのようにあそぶわけ」をセットにして説明しているので、内容がつかみやすくなっています。
・②段落のあそび方は「おに」が有利、③段落のあそび方は「にげる人」が有利、④段落のあそび方は「おに」が有利、⑤段落のあそび方は「にげる人」が有利という内容になっていて、「おに」も「にげる人」も楽しめることを交互に説明しています。
・「おわり」の⑥段落は、「このように」の接続語を使い、まとめの部分であることがわかるようにしています。

「おにごっこ」の文章の組み立て方を読む授業案

一　本時のねらい

おにごっこの「あそび方」に着目して、文章の組み立て方を読み取る。

二　本時の学習の展開

教師の働きかけ

①今日の学習のめあてを読みましょう。

②全文を音読しましょう。

③「はじめ」はどの段落ですか？
そのわけは？

④どんな「問い」ですか？

⑤「なか」はどの段落ですか？

予想される児童の発言

・一斉に声をそろえて学習のめあてを読む。
・一斉音読する。
・①段落
・「あるのでしょう。」「するのでしょう。」という言い方になっているから
・「どんなあそび方があるのでしょう。」
・「なぜ、そのようなあそび方をするのでしょう。」
・②〜⑤段落
・②〜⑥段落

・②〜⑤か②〜⑥か、どちらですか？
・まず一人で考えましょう。（1分後）隣の人と話し合いましょう。
・考えを発表しましょう。

・②〜⑤段落が「あそび方」を説明しているので、「なか」になります。
⑥「おわり」はどの段落ですか？
⑦「なか」には、おにごっこの「あそび方」と「そのようなあそび方をするわけ」が書いてあります。「なか」は、いくつのまとまりに分けられるでしょうか？
・まず一人で考えてみましょう。（1分後）四人グループで話し合いましょう。
・グループの考えを発表しましょう。

・②〜⑥です。わけは、どれもみんなおにごっこのあそび方について書いてあるから
・②〜⑤です。⑥段落は、②〜⑤段落みたいにあそび方が書いてないから
・②〜⑤です。⑥段落は「このように」とまとめているから

・⑥段落

・②、③、④、⑤の四つ
・②、③、④⑤の三つ

・「なか」が四つという考えのわけを言ってください。

・「なか」が三つという考えのわけを言ってください。

・「おにが交代《たい》せずに、つかまった人が、みんなおにになっておいかける。」というあそび方は④段落

・②段落は、「てつぼうよりむこうににげてはだめ。」と、にげてはいけないところをきめるあそび方
③段落は、にげる人だけが入れるところを作ったり、つかまらないときをきめたりするあそび方
④段落は、おにが交代せずに、つかまった人が、みんなおにになっておいかけるあそび方
⑤段落は、おにになった人は、みんな手をつないでおいかけるあそび方で、四つになるから

・④と⑤段落は、おにを交代せずに、つかまったらみんなおにになっておいかけるあそび方なので、いっしょのあそび方だと思うから

・⑤段落に「このあそび方は」と書いてあって、④段落の説明がまだ続いていると思うから

・⑤段落に「ところが」と書いてあって、④のあそび方がうまくいかないので、少し変えたことを説明しているので、同じあそび方だと思うから

と⑤段落も同じなので、一つのあそび方としたほうがよいですね。
⑤段落は、④段落につけ足したあそび方になっています。
⑧今日の学習のまとめをします。
・「はじめ」「なか」「おわり」がどの段落かを見つけました。
・「なか」がいくつのまとまりに分けられるかも考えました。そのとき、一つ目の問いである「あそび方」に目をつけて考えるとわかりやすいことを学習しました。
・隣同士の話し合い、四人グループでの話し合いで自分の考えを言えた人は手を挙げてください（挙手の数を確かめる）。
たくさんの人が自分の考えを発表できました。学級のみんなの前で発表できた人は手を挙げてください（挙手の数を確かめる）。

よくがんばりましたね。

◉板書のポイント

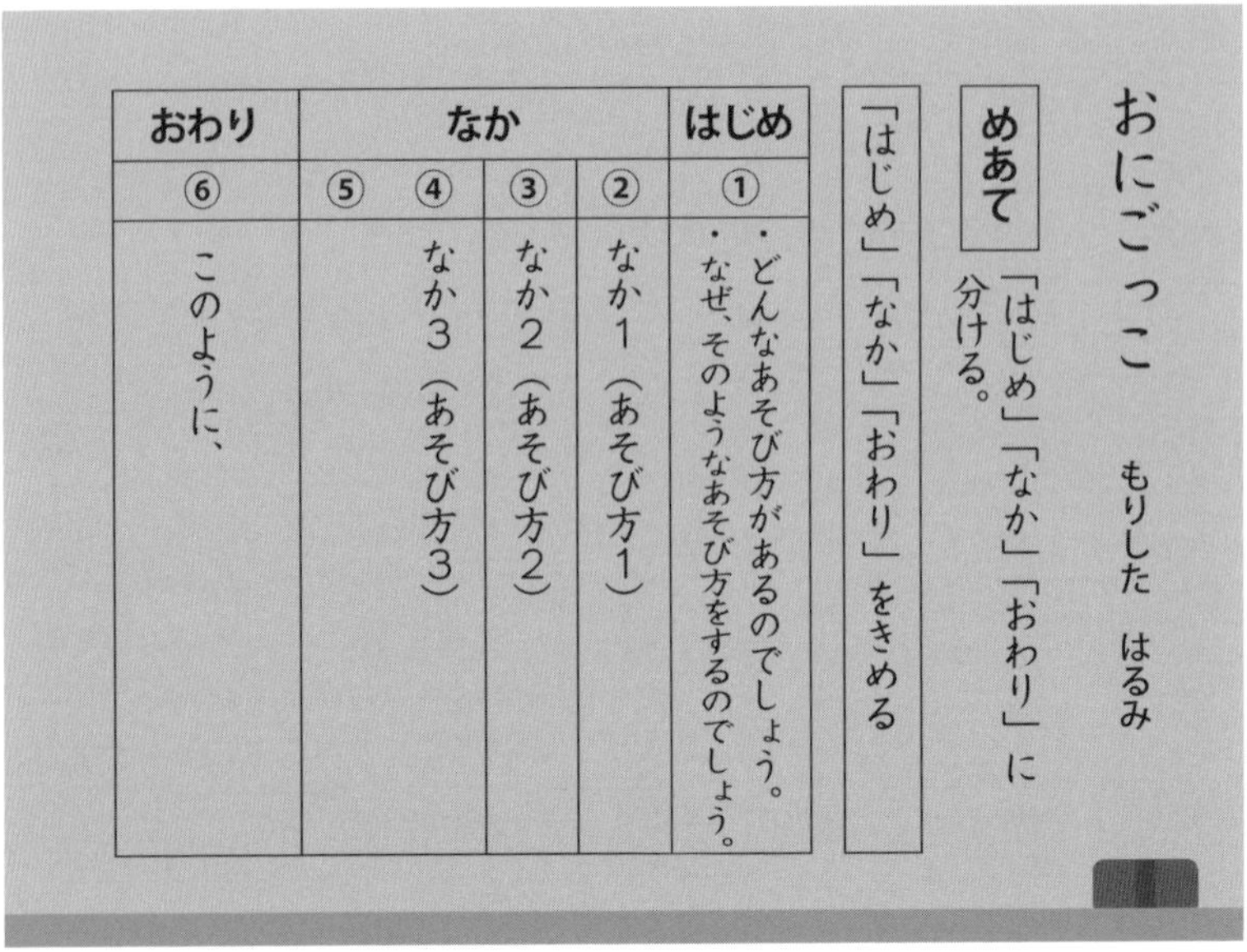

おにごっこ
もりした　はるみ
めあて
「はじめ」「なか」「おわり」に分ける。
「はじめ」「なか」「おわり」をきめる
はじめ
①
・どんなあそび方があるのでしょう。
・なぜ、そのようなあそび方をするのでしょう。
なか
②
なか1（あそび方1）
③
なか2（あそび方2）
④
なか3（あそび方3）
⑤
おわり
⑥
このように、

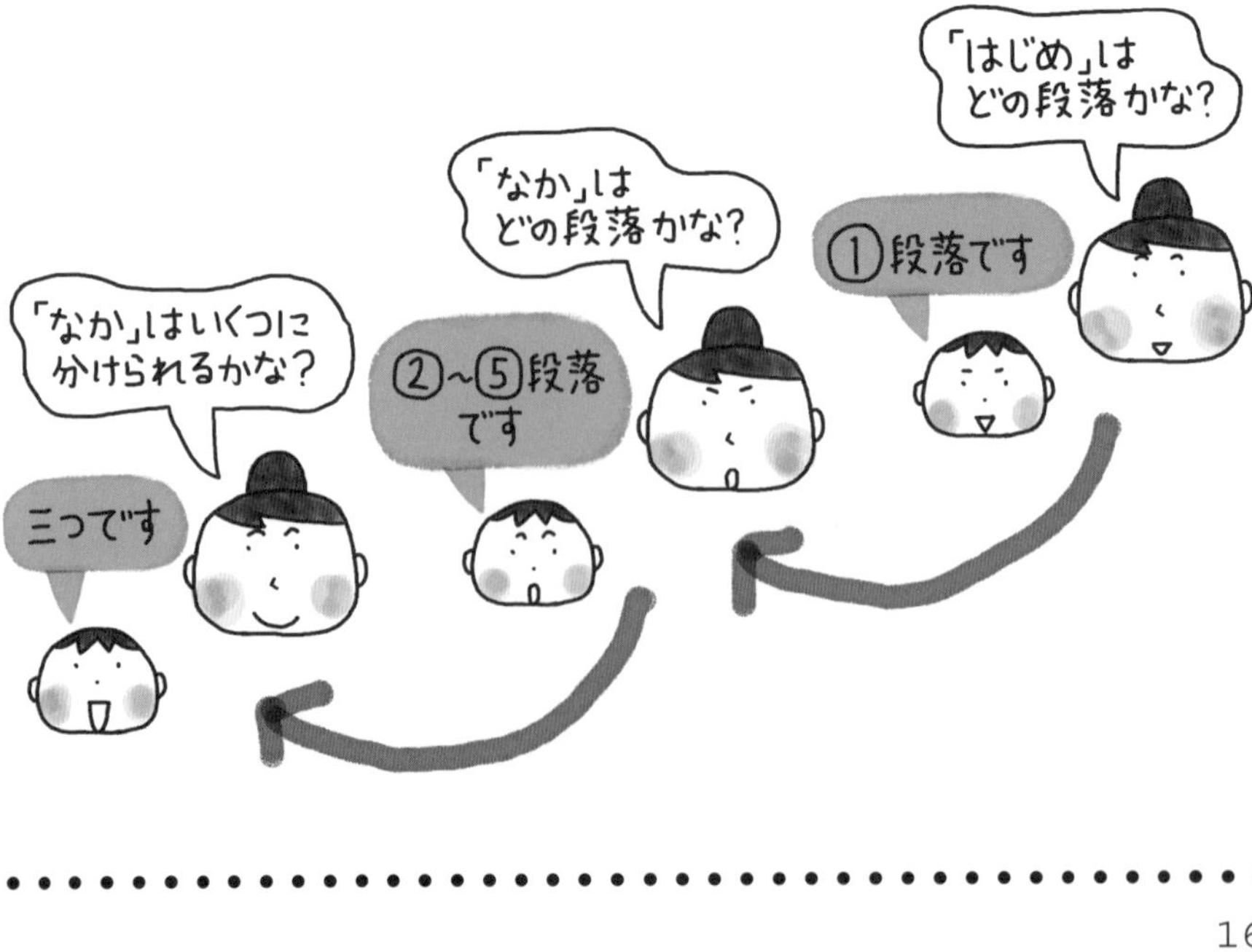

「はじめ」はどの段落かな？
①段落です
「なか」はどの段落かな？
②~⑤段落です
「なか」はいくつに分けられるかな？
三つです

板書のポイントは、**①～⑥の段落が「はじめ」「なか」「おわり」のどこに位置づけられるか**をわかりやすく書くことです。

まず、黒板に①②③④⑤⑥と**段落番号**を横に並べて書きます。「はじめ」の段落がわかったら①の上部に「**はじめ**」と書き、二つの問い「どんなあそび方があるのでしょう。」「なぜ、そのようなあそび方をするのでしょう。」も書きます。

次に、「なか」が②～⑤段落までとわかったら、「はじめ」「なか」「おわり」の間に縦線を引いて**三つの大きな部屋**に分けます。そして、段落番号の上部に「**なか**」「**おわり**」と書きます。

さらに、「なか」が三つに分けられることがわかったら、「なか」を**三つの小部屋**に区切り、「**なか1**」「**なか2**」「**なか3**」と書き、さらにそれぞれに「**(あそび方1)**」「**(あそび方2)**」「**(あそび方3)**」と書きます。

最後に、「おわり」の部屋に「このように、」と書き、まとめの接続語であることをおさえます。

説明文「すがたをかえる大豆」の教材研究と授業案

「すがたをかえる大豆」の文章構成を読む

説明文「すがたをかえる大豆」（光村図書『国語三下』平成二十七年度版）は、大豆をおいしく食べるための工夫を五つの例で説明している**典型的な解説型の文章**です。**全部で八つの段落**があり、次のような文章構成になっています。

「はじめ」は、大豆についての話題を提示している①段落と、大豆について説明している②段落です。したがって、この説明文は、**文章全体にかかる「問い」がありません**。そこで、もし「問い」を入れるとしたら、どんな「問い」になるのか、考えてみます。②段落の最後の一文「昔からいろいろ手をくわえて、おいしく食べるくふうをしてきました。」の次に、「では、どのようにくふうしてきたのでしょうか。」という「問い」を入れてみます。

「なか」は、おいしく食べるための工夫が書いてある③～⑦段落です。この「なか」を内容のまとまりごとに**「おいしく食べるくふう」という観点で分け、小見出しをつける**と、次のようになります。

「なか1」……③段落　・その形のままいったり、にたりして、やわらかくするくふう（豆まきの豆、に豆）
「なか2」……④段落　・こなにひいて食べるくふう（きなこ）
「なか3」……⑤段落　・えいようだけを取り出して、ちがう食品にするくふう（とうふ）
「なか4」……⑥段落　・小さな生物の力をかりて、ちがう食品にするくふう（なっとう、みそ、しょうゆ）
「なか5」……⑦段落　・とり入れる時期や育て方をかえて食べるくふう（えだ豆、もやし）

ここでは、「問い」と対応した「おいしく食べるくふう」という観点で分けることが大切です。同じような内容のまとまりごとに分けてみると、③④段落は大豆をあまり加工していないので「なか1」、⑤⑥段落はちがう食品に加工しているので「なか２」、⑦段落は食品の大豆ではなく、植物のダイズのことなので「なか３」という分け方ができるからです。また、③④⑤⑥段落は食品の大豆のことなので「なか１」、⑦は植物のダイズのことなので「なか２」という分け方もできます。

「おわり」は、**多くの食べ方が考えられた理由と筆者の感想**が書いてある⑧段落です。この段落が文章全体の「まとめ」になっています。

中心になる文（柱の文）を見つける

「すがたをかえる大豆」は、**「なか1」「なか2」「なか3」「なか4」「なか5」がそれぞれ一つの段落で構成**されているので、意味段落の中で中心になる段落（柱の段落）とその他の段落の関係を読む必要はありません。③④⑤⑥⑦が中心になるからです。そこで、次に段落にあるいくつかの文の中から、中心になる文（柱の文）を見つけるようにします。

中心になる文（柱の文）とは、まとめて説明している文のことです。

③段落は、五つの文からできています。一文目は「大豆をその形のままいったり、にたりして、やわらかく、おいしくするくふうです。」とまとめている文です。二文目は、一文目の「いったり」の詳しい説明、三文目と四文目と五文目は、一文目の「にたりして」の詳しい説明になっています。したがって、一文目が中心になる文（柱の文）です。

④段落は、二つの文からできています。一文目の「こなにひいて食べるくふうがあります。」が中心になる文（柱の文）で、二文目は一文目の「こなにひいて」の詳しい説明になっています。

⑤段落は、五つの文からできています。一文目の「大豆にふくまれる大切なえいようだけを取り出して、ちがう食品にするくふうもあります。」が中心になる文（柱の文）です。二文目と三文目と四文目は、一文目の「えいようだけを取り出して」の詳しい説明になっています。五文目は、一文目の「ちがう食品にする」の詳しい説明になっています。

⑥段落は、八つの文からできています。一文目の「目に見えない小さな生物の力をかりて、ちがう食品にするくふうもあります。」が中心になる文（柱の文）です。二文目～八文目までは、一文目の「小さな生物の力をかりて、ちがう

食品にする」の詳しい説明になっています。

⑦段落は、三つの文からできています。一文目の「とり入れる時期や育て方をくふうした食べ方もあります。」が中心になる文（柱の文）です。二文目は、「とり入れる時期」の詳しい説明になっています。三文目は、「育て方」の詳しい説明になっています。

要点をまとめる

要点をまとめるためには、中心になる文（柱の文）に着目します。多くの場合、中心になる文（柱の文）はまとめの文であるため、それを短くまとめれば、それがその段落の要点となります。「すがたをかえる大豆」の各段落の要点は、次のようになります。

①段落……いろいろな食品にすがたをかえていることが多いので気づかれない大豆
②段落……いろいろ手をくわえて、おいしく食べるくふうをしている大豆
③段落……いったり、にたりして、やわらかく、おいしくするくふう
④段落……こなにひいて食べるくふう
⑤段落……えいようだけを取り出して、ちがう食品にするくふう
⑥段落……小さな生物の力をかりて、ちがう食品にするくふう
⑦段落……とり入れる時期や育て方をかえて食べるくふう
⑧段落……いろいろなすがたで食べられている大豆

要約文をつくる

要約文は段落相互の関連を考えながら、要点と要点をつないでつくります。「すがたをかえる大豆」の要約文は、次のようになります。

すがたをかえているので気づかれない大豆はかたいので、おいしく食べるくふうがされてきた。いったり、にたりするくふう、こなにひいて食べるくふう、えいようだけ取り出してちがう食品にするくふう、小さな生物の力をかりてちがう食品にするくふう、とり入れる時期や育て方をかえて食べるくふうである。これらのくふうによって、大豆はいろいろなすがたで食べられている。

筆者の説明の仕方の工夫を読む

「すがたをかえる大豆」の筆者は、読者がわかりやすいようにいろいろ説明の仕方を工夫しています。次のような工夫があります。

- 具体例の内容がつかみやすいように、「なか1」～「なか5」までは一文目に中心になる文（柱の文）を置き、各段落の要点がわかるようにしています。
- 各段落ごとに、説明内容に登場するダイズや食品の写真を載せて、言葉だけではむずかしいものがわかるようにしています。
- 「なか1」～「なか5」の一文目のはじめに、「いちばん分かりやすいのは」「次に」「また」「さらに」「これらのほかに」という言葉を置き、説明内容がいくつあるのかわかるようにしています。
- 「おわり」の⑧段落は、「このように」の接続語を使い、まとめの部分であることがわかるようにしています。
- 「なか1」～「なか5」の具体例は、一つの段落に一つの工夫が書かれているのでわかりやすくなっています。
- 具体例を挙げるのに「一つ目は」「二つ目は」ではなく、「いちばん分かりやすいのは」「次に」「また」「さらに」というように説明する順序を考えて書き、わかりやすくしています。すなわち、「大豆だとわかるものからわからないものへ」「手のくわえ方が少ないものから多いものへ」「加工するのに時間がかからないものからかかるものへ」という順序で書かれています。「なか5」は植物のダイズなので最後にしています。

「すがたをかえる大豆」の説明の仕方の工夫を読む授業案

一　本時のねらい

「なか1」～「なか5」がどのようにつながっているかに着目して、筆者の説明の仕方の工夫を読み取る。

二　本時の学習の展開

教師の働きかけ

①今日の学習のめあてを読みましょう。

②「なか1」～「なか5」（③～⑦段落）の中心になる文を音読しましょう（中心になる文（柱の文）を書いた短冊カードを正しくない順序で黒板に貼る）。一つ目はこれです。

・「こなにひいて食べるくふうがあります。」（きなこ）

二つ目は、これです。

・「目に見えない小さな生物の力をかりて、ちがう食品にするくふうもあります。」（なっとう、みそ、しょうゆ）

三つ目はこれです。

予想される児童の発言

・一斉に声をそろえて学習のめあてを読む。

・一斉音読する。

・一斉音読する。

・「大豆をその形のままいったり、にたりして、やわらかく、おいしくするくふうです。」(豆まきの豆、に豆)

四つ目は、これです。

・「大豆にふくまれる大切なえいようだけを取り出して、ちがう食品にするくふうもあります。」(とうふ)

五つ目はこれです。

・「とり入れる時期や育て方をくふうした食べ方もあります。」(えだ豆、もやし)

③この中心になる文を音読して、気がついたことはありますか?

④教科書を見ないで正しい順番に並べ替えてみましょう。

・まず一人で考えましょう。(1分後) 隣の人と話し合いましょう。

・正しい順番を発表しましょう。

⑤筆者は大豆をおいしく食べるための工夫を説明していくのに、この順番がわかりやすいと考えています。では、どんな順番で書かれているのでしょ

・一斉音読する。

・一斉音読する。

・一斉音読する。

・教科書と出てくる順番がちがう。

・「豆まきの豆、に豆」→「きなこ」→「とうふ」→「なっとう、みそ、しょうゆ」→「えだ豆、もやし」

うか？
・まず一人で考えましょう。（１分後）四人グループで話し合いましょう。答えは、たくさんあります。三つ以上、見つけてください。
・グループの考えを発表しましょう。

⑥「えだ豆、もやし」は大豆だとわかりやすいのに最後に書いてあるのは、なぜですか？

・大豆だとわかるものからわからないものの順番になっている。
・作るのがかんたんなものからむずかしいものの順番になっている。
・手のくわえ方が少ないものから多いものの順番になっている。
・作るのにだんだん時間がかかるものになっている。
「豆まきの豆、に豆」「きなこ」――すぐできる
「とうふ」――一晩
「なっとう」――一日
「みそ、しょうゆ」――半年から一年間
・「えだ豆、もやし」は食品の大豆ではなくて、植物のダイズだから
・「えだ豆、もやし」は手をくわえておいしくす

⑦今日の学習のまとめをします。
・「なか1」～「なか5」がどのような順番で説明されているかを読み取りました。
・読み取るときに、二つのことを手がかりにするとよいことを学びました。
一つ目は、中心になる文に書かれていることを比べて読むことです。
二つ目は、食品やその写真を比べて読むと大豆がすがたをかえていることがわかることです。
・隣同士の話し合い、四人グループでの話し合いで自分の考えを言えた人は手を挙げてください（挙手の数を確かめる）。
たくさんの人が自分の考えを発表できました。
学級のみんなの前で発表できた人は手を挙げてください（挙手の数を確かめる）。
よくがんばりましたね。

る工夫ではなくて、「えだ豆」はとり入れる時期の工夫、「もやし」は育て方の工夫だから

◉板書のポイント

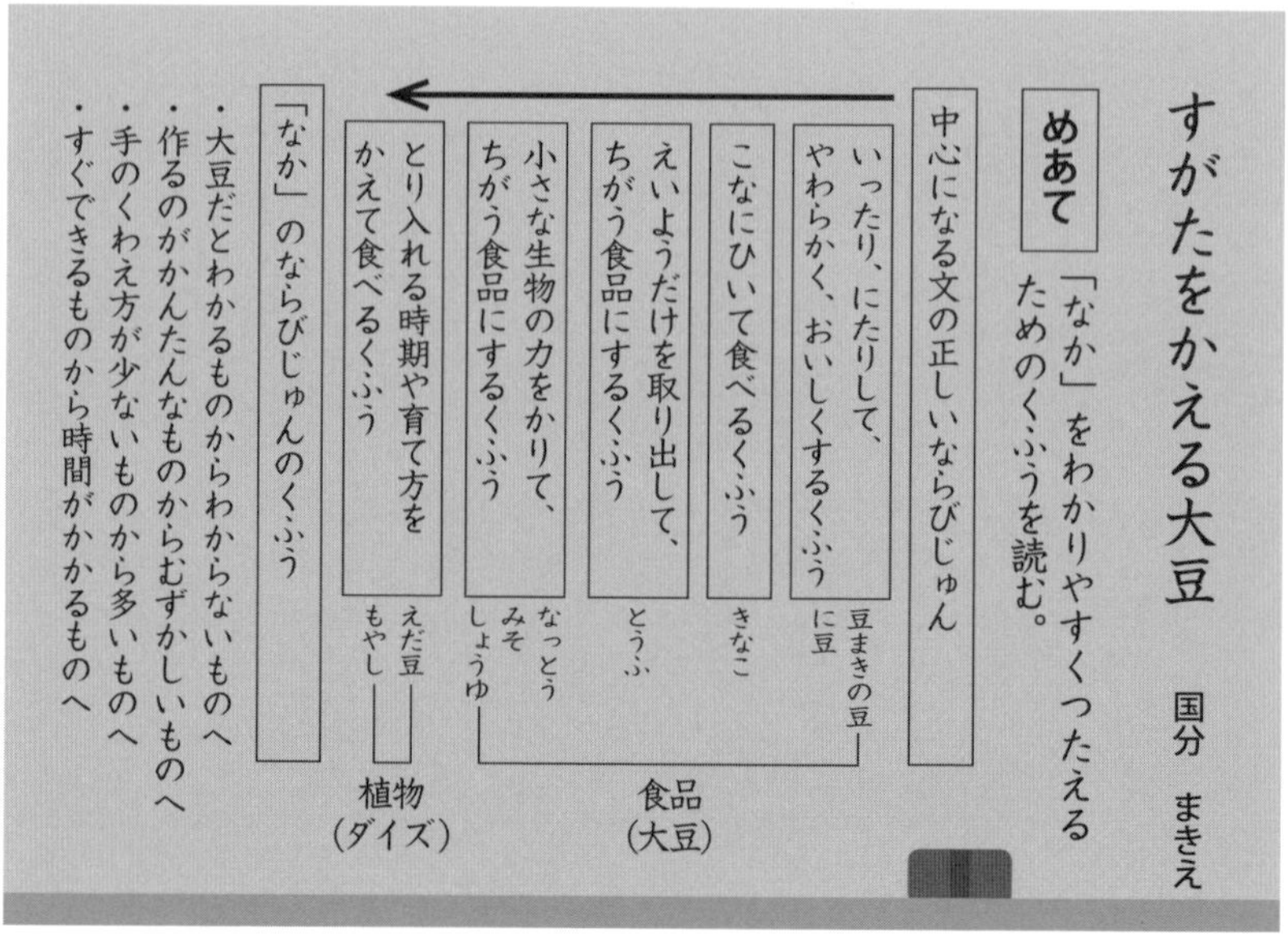
すがたをかえる大豆
国分　まきえ
めあて
「なか」をわかりやすくつたえるためのくふうを読む。
中心になる文の正しいならびじゅん
いったり、にたりして、やわらかく、おいしくするくふう
豆まきの豆
に豆
こなにひいて食べるくふう
きなこ
えいようだけを取り出して、ちがう食品にするくふう
とうふ
小さな生物の力をかりて、ちがう食品にするくふう
なっとう
みそ
しょうゆ
食品
（大豆）
とり入れる時期や育て方をかえて食べるくふう
えだ豆
もやし
植物
（ダイズ）
「なか」のならびじゅんのくふう
・大豆だとわかるものからわからないものへ
・作るのがかんたんなものからむずかしいものへ
・手のくわえ方が少ないものから多いものへ
・すぐできるものから時間がかかるものへ

中心になる文を正しい順番に並べ替えてみよう
「きなこ」は二番目だったな
「なか」はどんな順番で書かれているかな？
大豆だとわかるものから書いてあるな

板書のポイントは、中心になる文（柱の文）の正しい並び順がわかるように短冊カードを並べ替え、食品名も書いて、**イメージしやすくする**ことです。

そして、その**並び順にどのような工夫**があるかを読み取れるようにします。

まず、正しくない並び順の中心になる文（柱の文）のカードを正しい順に並べ替え、「豆まきの豆」「に豆」「きなこ」などと**黄色のチョークで食品名**を書き入れます。

次に、この**カードの上部に赤色のチョークで矢印**を書き入れ、カードがどんな順番に並んでいるかを「**中心になる文**」（**柱の文**）と「**食品名**」を見ながら考えさせます。

子どもから出てきた**並び順の特徴を箇条書き**にして「大豆だとわかるものからわからないものへ」などと書いていきます。

最後に、板書の下部に「えだ豆」「もやし」は**植物**（**ダイズ**）、その他は**食品**（**大豆**）と書き、ちがいがわかるようにします。

物語「ごんぎつね」の教材研究と授業案

「ごんぎつね」の出来事（事件）とは何か

物語「ごんぎつね」（光村図書『国語四下』平成二十七年度版）の中心人物であるごんは、辺りの村へ出てはいたずらばかりしている小ぎつねです。ごんは兵十にいたずらをして、うなぎを取ってしまいます。ごんは自分のせいで兵十がおっかあにうなぎを食べさせることができなかったと考えます。ごんはひとりぼっちになった兵十に親近感をもち、償いのためにいわしやくりや松たけを持っていきます。しかし、兵十は不思議に思いながらも、ごんのしわざとは気づきません。最後に、くりを持っていったごんは兵十に見つかり、火なわじゅうでうたれます。そのとき、兵十ははじめていつもくりをくれたのはごんだと知ります。

この物語の出来事（事件）は、ごんの兵十への思い入れと兵十の誤解によって成り立っていることがわかります。したがって、**ごんの兵十に対する思いの変化と兵十のごんに対する見方の変化**が、この物語の主要な出来事（事件）といえます。

「ごんぎつね」の文章構成を読む

「導入部（前ばなし）」

これは、わたしが小さいときに、村の茂平《もへい》というおじいさんから聞いたお話です。

〜

畑へ入っていもをほり散らしたり、菜種がらのほしてあるのへ火をつけたり、百姓《しょう》家のうら手につるしてあるとんがらしをむしり取っていったり、いろんなことをしました。

「出来事（事件）の展開部」

ある秋のことでした。

〜

「おれがくりや松たけを持っていってやるのに、そのおれにはお礼を言わないで、神様にお礼を言うんじゃあ、おれは引き合わないなあ。」

「出来事（事件）の山場の部」

その明くる日も、ごんは、くりを持って、兵十のうちへ出かけました。

〜

（クライマックス）「ごん、おまいだったのか、いつも、くりをくれたのは。」

〜

青いけむりが、まだつつ口から細く出ていました。

「ある秋のことでした。」から展開部が始まります。それまでは、ごんの生いたち、暮らしぶり、行動が書かれていて、ごんの人物像を説明しています。ここからごんと兵十のかかわりが描写的に書かれていきます。

クライマックスは、「ごん、おまいだったのか、いつも、くりをくれたのは。」の一文です。クライマックスは、ごんと兵十の関係が大きく変化したところです。ごんは兵十と「つながりたい」という強い思いをもっていますが、兵十にとってのごんはいたずらぎつねのままです。それが、**「ごん」「おまい」と人間扱いする呼び方に変わり、二人の関係が大きく変化**しています。

この物語は、「終結部（後ばなし）」がありません。そのため、「青いけむりが、まだつつ口から細く出ていました。」

と余韻を残して、**読者に兵十の思いを想像させるような終わり方**になっています。

中心人物「ごん」の変容を読む

「ごんぎつね」は、「うなぎを取ったごん」(第1場面)、「後悔するごん」(第2場面)、「償いをするごん」(第3場面)、「跡をつけるごん」(第4場面)、「つまらないと思うごん」(第5場面)というように、**第5場面まではごんの視点**で書かれています。ごんの独り言や行動に焦点を当てて読み、ごんの償いの心の変容を読み取っていくようにします。

・ちょいと、いたずらがしたくなって、川に魚を投げ入れる。うなぎも取る。(いたずらが楽しい)

↓

・兵十のしおれた顔を見て、「ちょっ、あんないたずらをしなけりゃよかった。」(いたずらを後悔する)

↓

・「おれと同じ、ひとりぼっちの兵十か。」(親近感をもつ)

いわしをとる。(いたずらで償い)

次の日も、その次の日もくりを持っていく。その次の日には、くりと松たけを持っていく。(自分の力で償い)

↓

・兵十のかげぼうしをふみふみついていく。(ごんが届けたことが伝わっているか気になる)

兵十と加助が神様のしわざだと思っていることを知り、「へえ、こいつはつまらないな。」と思う。(神様への嫉妬、兵十への寄せる強い思い)

↓

・その明くる日も、兵十のうちにくりを持っていく。(わかってほしい、つながりたい)

↓

・ごんはうちのうら口から中に入る。(捕まる危険、殺される危険をおかしても届けようとする兵十への強い

思い）

「兵十」の変容を読む

ごんの心の変容ぶりと比べて、兵十はクライマックス「ごん、おまいだったのか、いつも、くりをくれたのは。」のせりふまでずっとごんに対する見方は変化していません。すなわち、ごんにうなぎを取られたときの「うわあ、ぬすっとぎつねめ。」という思いが続いているのです。

第6場面の**「そのとき兵十は、ふと顔を上げました。」からは、兵十の視点**で書かれているので、兵十がごんをどう思っているかが読み取れます。

- 「きつねがうちの中へ」（「ごんぎつね」ではなく、けものとしてのきつね）
- 「ぬすみやがった」（「ぬすんだ」ではない。憎しみがある）
- 「あのごんぎつねめ」（「あの」「め」があると、憎しみが強い）
- 「『ようし。』」（ごんを撃つことに迷いはない）

↓

- 「『ごん、おまいだったのか』」とごんを人間扱いする呼び方、親しみを込めた呼び方に変化している。

ずっと憎んでいたごんが、自分のためにくりを届けてくれたことを知ったときの驚きは、「ごん、おまいだったのか、いつも、くりをくれたのは。」という**倒置表現**に表れています。くりを誰が届けてくれたんだろうと、ずっと思っていた謎が解けて、兵十は「ごん」「おまい」と呼び、**ごんを人間みたいに思うまでに変容**しています。

「ごんぎつね」の第6場面の授業案

一　本時のねらい

ごんの兵十に対する思い、兵十のごんに対する見方がそれぞれどのように変容したかについて読み取る。

二　本時の学習の展開

教師の働きかけ

①今日の学習のめあてを読みましょう。

②「ごんぎつね」の第6場面を一斉音読しましょう。

③「その明くる日も」くりを届けています。それまでと比べて、今回変わったことはなんですか？

・まず一人で考えましょう。（1分後）隣の人と話し合いましょう。

・自分の考えを発表しましょう。

予想される児童の発言

・一斉に声をそろえて学習のめあてを読む。

・第6場面を一斉音読する。

・「いわしを投げ込む」→「くりを入り口に置く」→「くりを土間に置く」（家の中に入る）

・「くりを入り口に置く」→「くりを土間に固めて置く」（ていねいに置く）

④なぜ届け方が変わったのですか？
⑤ごんの気持ちがどのように変わってきたか、ごんの独り言に注目して考えましょう。

・第2場面で気持ちがわかる独り言は？
この独り言を短い言葉で言うと？
・第3場面で気持ちがわかる独り言は？
この独り言を短い言葉で言うと？
・第5場面で気持ちがわかる独り言は？
この独り言を短い言葉で言うと？

ごんの気持ちは、「償いたい気持ち」→「親しい気持ち」→「つながりたい気持ち」と変化してきているんだね。

⑥次は、兵十がごんをどのように思っていたかを読みましょう。
・クライマックス「ごん、おまいだったのか、いつも、くりをくれたのは。」の前までは、兵十はごんをどのように思っていましたか。どんな気持ちかがわかる言葉を第6場面からさがしましょう。

・ごんの気持ちが変わってきたから
・「ちょっ、あんないたずらをしなけりゃよかった。」
・後悔、反省、償いたい
・「おれと同じ、ひとりぼっちの兵十か。」
・親しみ、親近感
・「へえ、こいつはつまらないな。」
・わかってほしい、つながりたい

・「きつね」――「ごんぎつね」ではないので、けものと思っている。冷たい言い方。
・「ぬすみやがった」――「ぬすんだ」という言い方と比べると憎んでいる。

・前の場面で「ごんぎつねめ」と似た言葉がありましたね。どんな言葉でしたか？
兵十はごんを「ぬすっとぎつね」とずっと思い続けているのですね。
⑦「ごん、おまいだったのか、いつも、くりをくれたのは。」で、兵十のごんに対する見方がどのように変わったかを考え、それがわかる言葉を見つけましょう。
・まず一人で考えましょう。（1分後）四人グループで話し合いましょう。
・グループの考えを発表しましょう。
・それまでは、どのような言い方でしたか？

・「ごんぎつねめ」――「め」があるので、憎んでいる。
・「ようし。」「ドンとうちました。」――迷っていないので、憎んでいる。
・「うちの中を見ると」――ごんのことより、真っ先に家の中が気になる。
・「うわあ、ぬすっとぎつねめ。」（第1場面）
・「ごん」――「ごんぎつね」ではないので、親しい感じの呼び方、もう憎んでいない
・「おまい」――人間に話しかけるときに使う言葉、人間と人間のような関係になっている
・「ぬすっとぎつねめ」
・「きつね」

・「ごんぎつねめ」

⑧今日の学習のまとめをします。
・ごんの兵十に対する気持ちがどのように変わっていったか、兵十のごんに対する見方がどのように変わったのかを読み取りました。
・読み取るときに、二つのことを手がかりにするとよいことを学びました。
一つ目は、くりの届け方のちがいを読んだように、前の行動と比べて読むことです。

二つ目は、「ぬすみやがった」と「ぬすんだ」、「ごんぎつねめ」と「ごんぎつね」、「ごんぎつねめ」と「ごん」「おまい」のように言い方を比べて読むことです。
・隣同士の話し合い、四人グループでの話し合いで自分の考えを言えた人は手を挙げてください（挙手の数を確かめる）。
たくさんの人が自分の考えを発表できました。
学級のみんなの前で発表できた人は手を挙げてください（挙手の数を確かめる）。
よくがんばりましたね。

◉板書のポイント

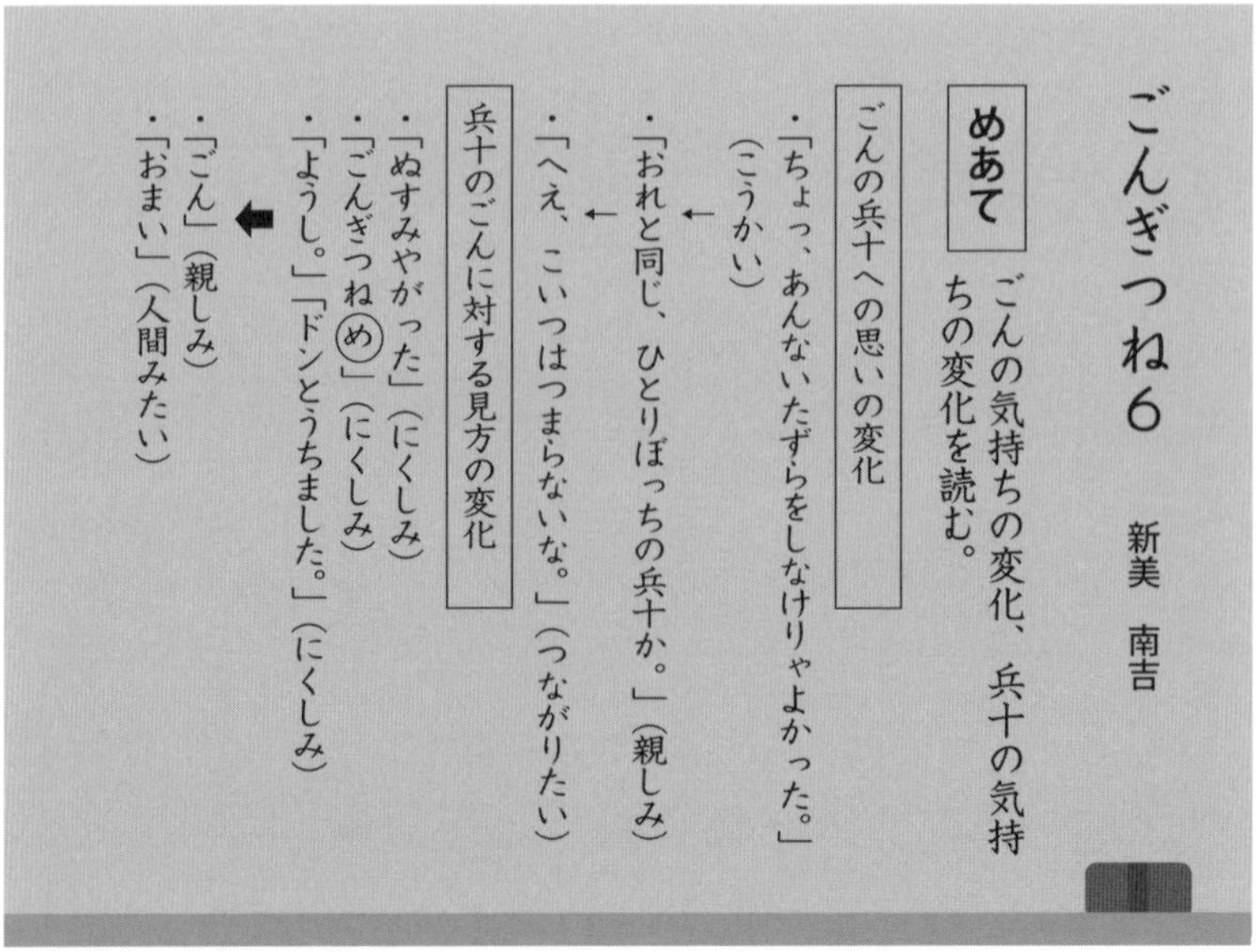
ごんぎつね6
新美　南吉
めあて
ごんの気持ちの変化、兵十の気持ちの変化を読む。
ごんの兵十への思いの変化
・「ちょっ、あんないたずらをしなけりゃよかった。」（こうかい）
・「おれと同じ、ひとりぼっちの兵十か。」（親しみ）
・「へえ、こいつはつまらないな。」（つながりたい）
兵十のごんに対する見方の変化
・「ぬすみやがった」（にくしみ）
・「ごんぎつねめ」（にくしみ）
・「ようし。」「ドンとうちました。」（にくしみ）
・「ごん」（親しみ）
・「おまい」（人間みたい）

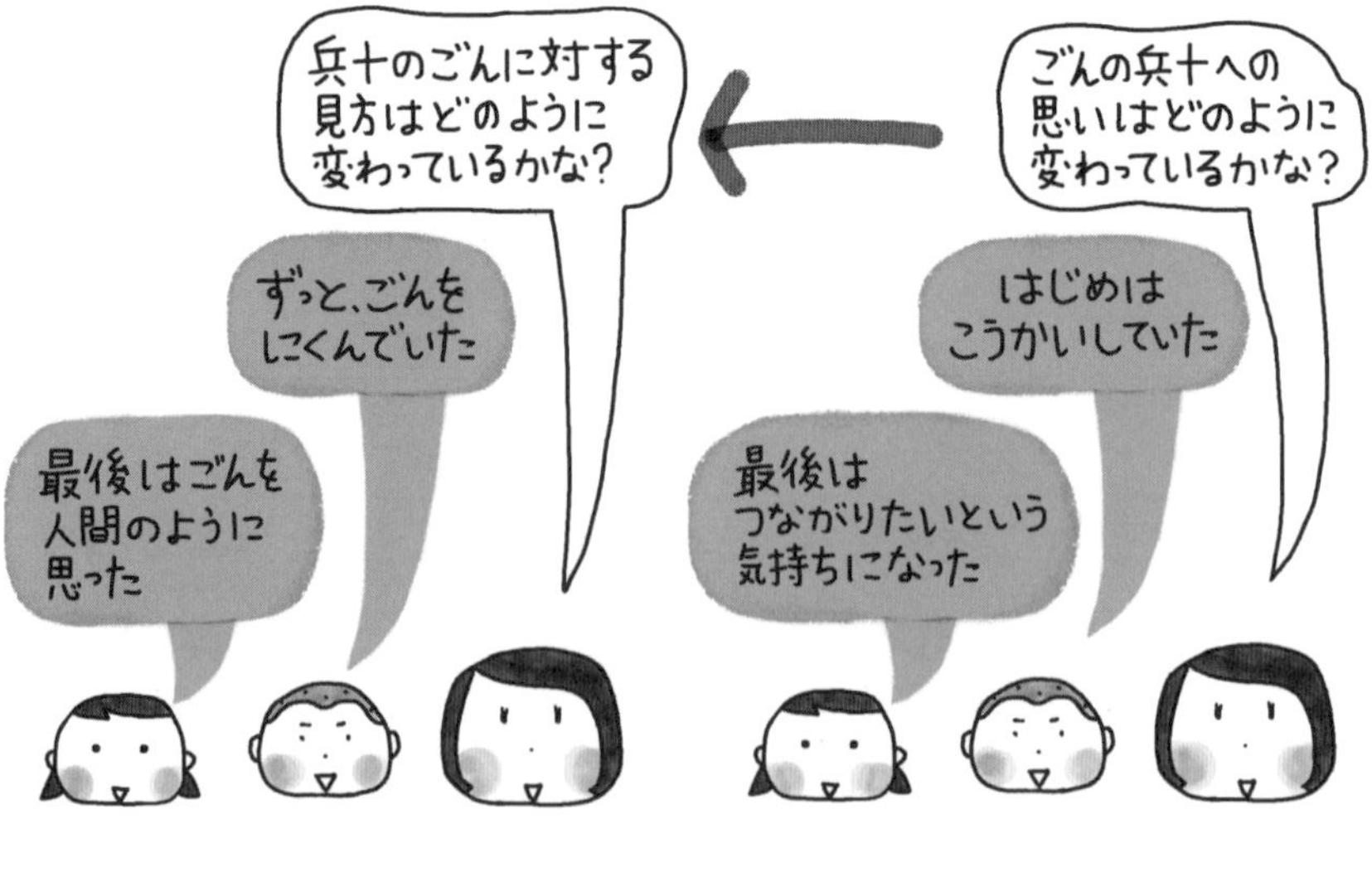
ごんの兵十への思いはどのように変わっているかな？
はじめはこうかいしていた
最後はつながりたいという気持ちになった
兵十のごんに対する見方はどのように変わっているかな？
ずっと、ごんをにくんでいた
最後はごんを人間のように思った

板書のポイントは、**中心人物であるごんの兵十への思いの変化と兵十のごんに対する見方の変化**がわかるように書くことです。

まず、「ごんの気持ちがどのように変わってきたか、ごんの独り言に注目して考えましょう」と発問し､兵十への思いの変化を振り返ります。「ちょっ、あんないたずらをしなけりゃよかった。」の独り言から「**こうかい**」という言葉を出させ、板書します。同様に、「おれと同じ、ひとりぼっちの兵十か。」から「**親しみ**」、「へえ、こいつはつまらないな。」から「**つながりたい**」という言葉を出させ、板書します。

次に、兵十のごんに対する見方がわかる言葉「ぬすみやがった」「ごんぎつねめ」「ようし。」「ドンとうちました。」を書き、「**にくしみ**」とその気持ちを書きます。また、「ごん」「おまい」の言葉からは、「**親しみ**」の気持ちや**人間扱い**していることを押さえ、**見方の変化がわかるように赤色で太い矢印**を書き入れます。

物語「大造じいさんとガン」の教材研究と授業案

「大造じいさんとガン」の出来事（事件）とは何か

物語「大造じいさんとガン」（光村図書『国語五』平成二十七年度版）を、子どもたちは、大造じいさんと残雪の戦いの話であると考えがちです。しかし、そうではありません。この物語は、**大造じいさんが残雪をどう見ているかという大造じいさんの内面の変容**を描いたものです。すなわち、大造じいさんは、はじめは「たかが鳥」と軽く見ていたものが、しかけを簡単に見破られて「ううむ。」と感嘆の声をもらしてしまいます。さらに、またしかけを見破られると「ううん。」とうなってしまいます。残雪がハヤブサと戦う姿を見たり、大造じいさんをにらみつけ、じたばたさわがない姿を見たりしたときには、「ただの鳥に対しているような気がしませんでした。」という気持ちに変容します。

残雪がガンの群れを守り続ける姿やその生きざまに感動して、大造じいさんの中で残雪がたかが鳥という見下す対象から、尊敬に値する対象へと変化しているのです。

この物語の出来事（事件）は、**単なる勝ち負けの物語ではなく、大造じいさんの残雪に対する見方が変容していくことが主要な事件**といえます。

「大造じいさんとガン」の文章構成を読む

「導入部（前ばなし）」

今年も、残雪は、ガンの群れを率いて、ぬま地にやって来ました。

〜

大造じいさんは、このぬま地をかり場にしていたが、いつごろからか、この残雪が来るようになってから、一羽のガンも手に入れることができなくなったので、いまいましく思っていました。

「出来事（事件）の展開部」

そこで、残雪がやって来たと知ると、大造じいさんは、今年こそはと、かねて考えておいた特別な方法に取りかかりました。

〜

大造じいさんは、広いぬま地の向こうをじっと見つめたまま、「ううん。」とうなってしまいました。

「出来事（事件）の山場の部」

今年もまた、ぼつぼつ、例のぬま地にガンの来る季節になりました。

〜

（クライマックス）大造じいさんは、強く心を打たれて、ただの鳥に対しているような気がしませんでした。

「終結部（後ばなし）」

残雪は、大造じいさんのおりの中で、一《ひと》冬をこしました。

〜

いつまでも、いつまでも、見守っていました。

「そこで、残雪がやって来たと知ると、大造じいさんは、今年こそはと、かねて考えておいた特別な方法に取りかかりました。」から**大造じいさんと残雪の知恵くらべ**といえるような展開が始まります。それまでは、残雪がぬま地に来るようになってから、一羽のガンも手に入れることができないので、いまいましく思っている大造じいさんの人物像が説明されています。

はじめは、「たかが鳥」と思って「ウナギつりばり作戦」を行いますが、うまくいきません。次に、「タニシばらまき作戦」を行いますが、これもうまくいかず、「ううん。」となってしまいます。ここで、大造じいさんの残雪に対する見方が変わってきます。そこで、今度は「おとりのガン作戦」で残雪をしとめようとしますが、仲間を救おうとハヤブサと戦う残雪の姿を見て、大造じいさんの気持ちはさらに変わります。

そして、大造じいさんの残雪に対する見方がもっとも大きく変わったのは、クライマックスである「**強く心を打たれて、ただの鳥に対しているような気がしませんでした。**」の一文です。**見下す対象から尊敬する対象**に変わったのです。

中心人物「大造じいさん」の変容を読む

大造じいさんは、残雪との知恵くらべといえるような戦い、ハヤブサと戦う残雪の姿、大造じいさんをにらみつける残雪の姿を通して、残雪に対する見方が次のように変わっていきます。

・一晩たてば忘れてやって来ると思い、ウナギつりばりをばらまく。（たかが鳥）

↓

・ウナギつりばり作戦がうまくいかず、「ううむ。」と感嘆の声をもらす。（たいした知恵をもっている）

↓

・タニシばらまき作戦もうまくいかず、「ううん。」となってしまう。（感心する）

↓

・おとりのガン作戦で残雪にひとあわふかせようとするが、おとりのガンを救おうとハヤブサと戦う残雪の姿を見る。（残雪をねらっていた銃を下ろす）

↓

・残雪が大造じいさんを正面からにらみつける。大造じいさんが手をのばしても、残雪はじたばたさわがない。（ただの鳥に対しているような気がしない）

↓

・残雪がおりから空へ飛び上がる。（「ガンの英雄」「えらぶつ」と呼びかける）

「大造じいさんとガン」の第４場面の授業案

一　本時のねらい

残雪の呼び方のちがいから大造じいさんの残雪に対する気持ちの変化を読み取る。

二　本時の学習の展開

教師の働きかけ

①今日の学習のめあてを読みましょう。

②「大造じいさんとガン」の第４場面を一斉音読しましょう。

③「ガンの英雄」とは、誰のことですか？

④大造じいさんは、なぜ「残雪よ」と呼ばないで、「ガンの英雄よ」と呼んだのですか？

・まず一人で考えましょう。（１分後）隣の人と話し合いましょう。

・自分の考えを発表しましょう。

予想される児童の発言

・一斉に声をそろえて学習のめあてを読む。

・第４場面を一斉音読する。

・残雪のこと

・ハヤブサから仲間のガンを救ったから

・大造じいさんの作戦を次々に打ち破ったから

⑤大造じいさんの残雪に対する見方がどのように変わってきたかを振り返りましょう。
・「ウナギつりばり作戦」のときは、どのように思っていましたか？
・「タニシばらまき作戦」のときは、どのように思っていましたか？
・「おとりのガン作戦」のときは、どのように思っていましたか？
・おりのふたを開けて、残雪が空へ飛び上がったときは、どのように思っていましたか？
⑥第４場面では、大造じいさんは残雪をどのように思っていますか。どんな気持ちかがわかる言葉をさがしましょう。
・「英雄」からは、どんな気持ちがわかりますか？

・残雪に対する見方が変わったから
・「たかが鳥」
・「たいしたちえをもっている」
・「ううん。」とうなってしまって、感心する。
・「ただの鳥に対しているような気がしませんでした。」
・「ガンの英雄」
・「英雄」
・「おまえ」
・「えらぶつ」
・「おれたち」
・残雪のことをりっぱなリーダーだと思っている。
・危険なことがあるとすぐそれを見つけ、仲間を指導できるので、すごいと思っている。

・「おまえ」からは、どんな気持ちがわかりますか？
・「えらぶつ」からは、どんな気持ちがわかりますか？
・「おれたち」からは、どんな気持ちがわかりますか？

⑦「英雄」と「えらぶつ」を比べると、意味は似ているけれど、少し言葉の感じがちがいますね。どのようにちがいますか？

・大造じいさんは、「英雄よ」とほめたたえるだけではなくて、「おまえ」「えらぶつ」と言い方を変えて、親しみの気持ちを込めたんだね。

・仲間が危ないときは、強い敵でも向かっていって救おうとするので、尊敬している。
・「おまえ」は人間に話しかけるときに使う言葉なので、残雪を人間のように思っている。
・「えらい人」という意味だから、残雪をりっぱなリーダーだと思っている。
・人間のように思っている。
・自分の仲間のように思っている。
・正々堂々と戦うライバルだと思っている。

・「英雄」はものすごくえらい、あまりたくさんいなくて、みんなが憧れる人。
・「英雄」は立派すぎて、ちょっと近づけない感じがする。
・「えらぶつ」は、えらい人なんだけれど、近づきやすい感じがする。
・「えらぶつ」は、「英雄」より親しみを感じる。

⑧「ひきょうなやり方」とは、どのようなやり方のことですか？
・「おとりのガン作戦」が、なぜひきょうなやり方なのですか？
・「ウナギつりばり作戦」も「タニシばらまき作戦」もだましていますよ。「だます」ことはひきょうなやり方だと大造じいさんは思っていません。どの言葉から、それがわかりますか？
・その中のどの言葉からわかりますか？
「また」だから、「おとりのガン作戦」もひきょうなやり方ではないと思っているのですね。
・そうすると、「ひきょうなやり方」とは？
⑨大造じいさんは、なぜ「晴れ晴れとした顔つき」をしているのですか？
・まず一人で考えましょう。（1分後）四人グループで話し合いましょう。

・ガンをおとりにして残雪を殺すこと
・残雪をだますから
・「おれたちは、また堂々と戦おうじゃあないか。」です。
・「また堂々と」
・ハヤブサにやられて傷ついた残雪を捕まえて殺すこと

・グループの考えを発表しましょう。

・ひきょうなやり方を使わなかったので、さっぱりとした気持ちだったから

・残雪が元気になって飛び立っていったのが、うれしかったから

・これからも堂々と戦えると思ったら、うれしくなったから

・傷ついた残雪を殺したら、プロの猟師としては情けない。そうしなかったことに満足しているから

⑩今日の学習のまとめをします。

・残雪の呼び方のちがいから大造じいさんの残雪に対する気持ちの変化を読み取りました。

・読み取るときに、二つのことを手がかりにするとよいことを学びました。

一つ目は、「英雄よ」と「残雪よ」というようにちがう言葉を比べて読むことです。

二つ目は、「英雄」と「えらぶつ」のように似た言葉を比べ、感じ方のちがいを読むことです。

・隣同士の話し合い、四人グループでの話し合いで

自分の考えを言えた人は手を挙げてください（挙手の数を確かめる）。
たくさんの人が自分の考えを発表できました。
学級のみんなの前で発表できた人は手を挙げてください（挙手の数を確かめる）。
よくがんばりましたね。

◉板書のポイント

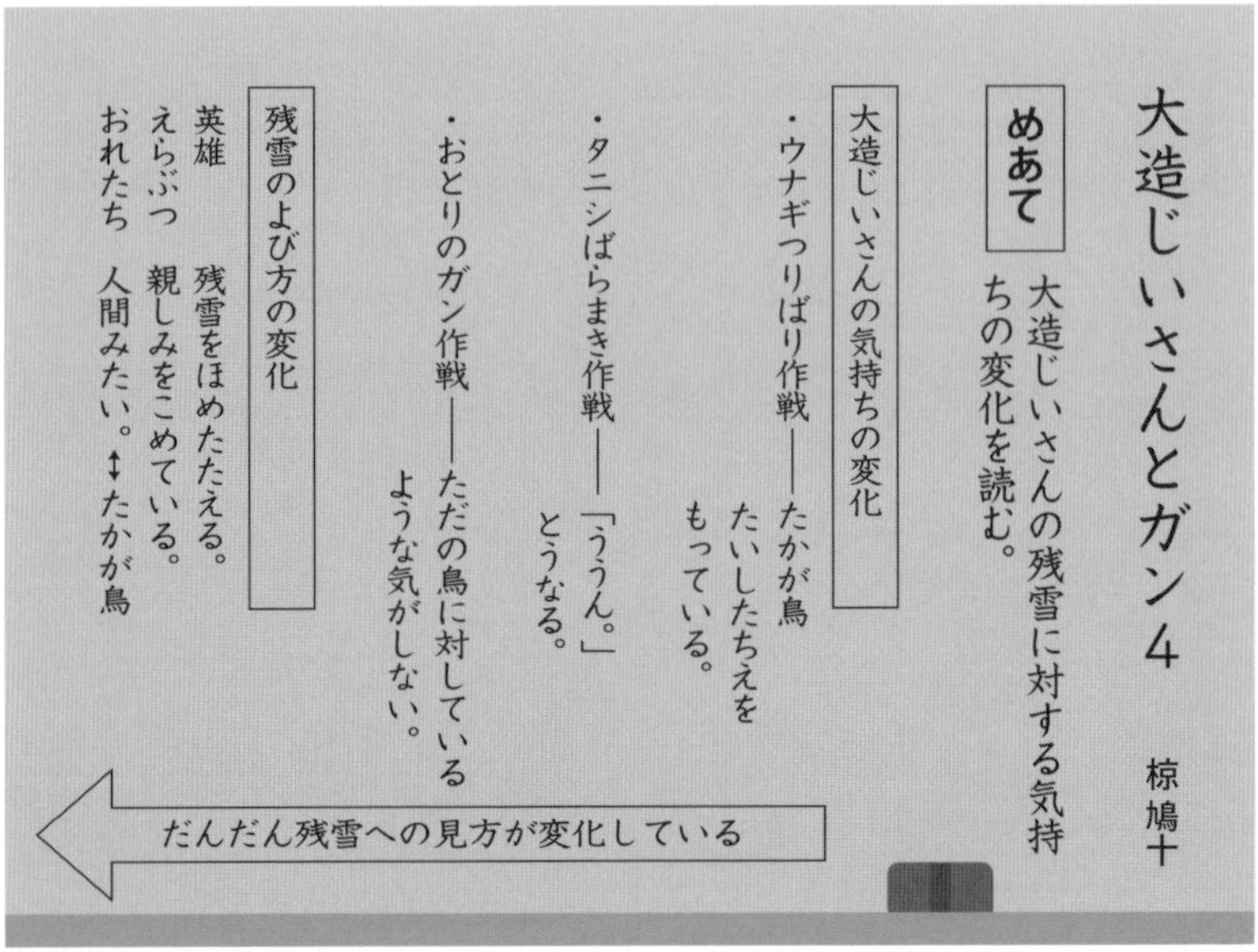
大造じいさんとガン4
椋鳩十
めあて
大造じいさんの残雪に対する気持ちの変化を読む。
大造じいさんの気持ちの変化
・ウナギつりばり作戦――たかが鳥
たいしたちえをもっている。
・タニシばらまき作戦――「ううん。」とうなる。
・おとりのガン作戦――ただの鳥に対しているような気がしない。
残雪のよび方の変化
英雄　残雪をほめたたえる。
えらぶつ　親しみをこめている。
おれたち　人間みたい。↕たかが鳥
だんだん残雪への見方が変化している

大造じいさんの残雪に対する見方はどのように変わってきたかな？
はじめは残雪のことを「たかが鳥」と思っていた
最後は英雄だと思うようになった

板書のポイントは、**中心人物である大造じいさんの残雪に対する見方が変化**していることがわかるように書くことです。

まず、「大造じいさんの残雪に対する見方がどのように変わってきましたか?」と発問し、残雪への見方の変化を振り返ります。

「ウナギつりばり作戦のときは?」「タニシばらまき作戦のときは?」「おとりのガン作戦のときは?」と作戦ごとに問いかけ、「たかが鳥」「たいしたちえをもっている」↓「ううん。」となる。↓「ただの鳥に対しているような気がしない」と残雪への見方の変化を確かめます。

次に、第4場面で、大造じいさんが残雪のことを「**英雄**」「**えらぶつ**」「**おれたち**」と呼んでいることを押さえ、**それぞれの言葉の意味**を書きます。

最後に、**黒板の下部に矢印**を書き、大造じいさんの残雪への見方の変化がわかるようにします。

【著者紹介】

加藤辰雄（かとう たつお）

愛知県立大学・愛知教育大学非常勤講師。「読み」の授業研究会運営委員。
1951 年、愛知県生まれ。
三重大学教育学部卒業後、名古屋市の小学校で教諭を勤め、定年退職後、現職。

【著書】

『「ごんぎつね」の読み方指導』（共著、1991 年）
『「大造じいさんとがん」の読み方指導』（以上明治図書、共著、1993 年）
『国語の本質がわかる授業②　ことばと作文』（共著、2008 年）
『国語の本質がわかる授業④　文学作品の読み方１』（以上日本標準、共著、2008 年）
『科学的な「読み」の授業入門　文学作品編』（東洋館出版社、共著、2000 年）
『国語授業の改革④　国語科の教科内容をデザインする』（共著、2004 年）
『国語授業の改革⑤　国語科小学校・中学校新教材の徹底研究と授業づくり』（共著、2005 年）
『国語授業の改革⑥　確かな国語力を身につけさせるための授業づくり』（共著、2006 年）
『国語授業の改革⑦　教材研究を国語の授業づくりにどう生かすか』（共著、2007 年）
『国語授業の改革⑨　新学習指導要領をみすえた新しい国語授業の提案』（共著、2009 年）
『国語授業の改革⑩　国語科教科内容の系統性はなぜ 100 年間解明できなかったのか』（共著、2010 年）
『国語授業の改革⑪　新しい教科書の新しい教材を生かして思考力・判断力・表現力を身につけさせる』（共著、2011 年）
『国語授業の改革⑫　「言語活動」を生かして確かな「国語の力」を身につけさせる』（共著、2012 年）
『国語授業の改革⑬　若い教師のための「言語活動」を生かした国語の授業・徹底入門』（共著、2013 年）
『国語授業の改革⑭　授業で子どもに必ず身につけさせたい「国語の力」』（以上学文社、共著、2014 年）
『必ずうまくいく朝の会・帰りの会　18 のヒケツ 41 のアイデア 小学校』（2013 年）
『必ずうまくいく係活動　21 のヒケツ 20 のアイデア 小学校』（以上フォーラム・A、2013 年）
『総合学習対応版　もらってうれしい賞状＆アイデアカード』（共著、2001 年）
『学校を飾ろうよ　空間・壁面構成と立体工作のアイデア』（共著、2001 年）
『教室を飾ろうよ　空間・壁面構成のアイデア　春・夏』（2001 年）
『教室を飾ろうよ　空間・壁面構成のアイデア　秋・冬』（2001 年）
『新版「１年生を迎える会」「６年生を送る会」を創ろうよ』（2002 年）
『楽しい全校集会を創ろうよ　シナリオ版』（2004 年）
『誰でも成功する学級づくりのキーポイント　小学校』（2003 年）
『誰でも成功する子ども集団の動かし方』（2004 年）
『誰でも成功する小学１年生の指導』（2005 年）
『誰でも成功する小学２年生の指導』（2007 年）
『誰でも成功する小学３年生の指導』（2006 年）
『誰でも成功する小学４年生の指導』（2009 年）
『誰でも成功する小学５年生の指導』（2007 年）
『誰でも成功する小学６年生の指導』（2008 年）
『誰でも成功する板書のしかた・ノート指導』（2007 年）
『誰でも成功する発問のしかた』（2008 年）
『誰でも成功する授業での説明・指示のしかた』（2009 年）
『誰でも成功する授業ルールの指導』（2010 年）
『誰でも成功するはじめての学級担任』（2011 年）
『誰でも成功する学級のシステム＆ルールづくり』（2012 年）
『誰でも成功する学級のまとめ方・育て方』（2013 年）
『誰でも成功する言語力を高める話し合い指導』（2014 年）
『クラス全員を授業に引き込む！　発問・指示・説明の技術』（2015 年）
『「気になる子」のいるクラスが驚くほどまとまる授業のつくり方』（2015 年）
『本当は国語が苦手な教師のための国語授業のアクティブ・ラーニング 小学校編』（以上学陽書房、2016 年）

本当は国語が苦手な教師のための

国語授業のつくり方 小学校編

2015年5月8日　初版発行
2022年7月12日　7刷発行

著者――――加藤辰雄《かとうたつお》

ブックデザイン――笠井亞子
DTP制作――――スタジオトラミーケ
イラスト――――今井久恵
発行者――――佐久間重嘉
発行所――――株式会社 学陽書房
東京都千代田区飯田橋1-9-3　〒102-0072
営業部　TEL03-3261-1111　FAX03-5211-3300
編集部　TEL03-3261-1112　FAX03-5211-3301
http://www.gakuyo.co.jp/
印刷――――加藤文明社
製本――――東京美術紙工

ISBN978-4-313-65279-8 C0037

加藤辰雄の「誰でも成功する」シリーズ

誰でも成功する

授業での説明・指示のしかた

わかりやすい「説明」、効果的な「指示」を解説

どうしたらわかりやすい「説明」ができるのか。効果的な「指示」が出せるのか。若い教師が必ず直面するそんな悩みに応える具体的なアイデアとヒントが満載。

定価＝本体 1800 円＋税

誰でも成功する

授業ルールの指導

「授業の受け方」を教えること忘れていませんか？

「授業ルールの指導」とは、子どもたちに授業の受け方・学び方を教えること。置き去りにされがちな授業の受け方・学び方を子どもにちゃんと教えると、みるみる授業が変わってくる！「授業が成立しない……」そんな先生のための一冊。

定価＝本体 1800 円＋税